Aprendizaje
comprensivo

Guía de apoyo para educar con Dislexia, TDAH y TEA

Roser Sanz Castells

Saralejandría
ediciones

Del texto:
Roser Sanz
Perfil profesional:
@pedagoplan
Diseño de edición:
Elena Torres Andrés

De la presente edición:
Grupo Sar Alejandría S.L
Edita:
Saralejandría Ediciones
ISBN: 978-84-10105-73-7
Depósito Legal: CS 902-2024

Gracias a la pedagogía, he descubierto que la educación es un viaje de ida y vuelta, donde tanto quien enseña como quien aprende crecen.

índice

¿QUIÉN SOY?
¡CONÓCEME!

Mi nombre es Roser Sanz Castells, he crecido en Canals, un pueblo de València. Mi pasión por la educación me ha llevado a estudiar Educación Infantil, Pedagogía y completar un máster en Psicopedagogía. Actualmente, me encuentro en constante formación mediante una especialización en dificultades de aprendizaje, cursos complementarios y formaciones diversas. Mi trayectoria laboral siempre ha estado vinculada al sector de la educación, centrándome especialmente en las dificultades de aprendizaje. He tenido la oportunidad de trabajar en casi todas las etapas del ciclo vital, lo que me ha permitido desarrollar una comprensión profunda de las necesidades educativas en diferentes etapas de la vida. Mi vocación es ayudar a las personas a alcanzar sus objetivos y ofrecer apoyo y orientación a aquellas con dificultades de aprendizaje y a sus familias, siempre tratando de hacer una diferencia positiva en la vida de las personas.

Además de mi pasión por la educación, me encanta el deporte, es lo que me ayuda a mantener un equilibrio saludable en mi vida. También soy una persona muy familiar y valoro enormemente el tiempo que paso con mis seres queridos.

VAMOS A CONOCER
QUÉ SON
LOS TRASTORNOS
ESPECÍFICOS
DEL APRENDIZAJE
O DIFICULTADES
ESPECÍFICAS DEL
APRENDIZAJE (DEAS)

Las Dificultades Específicas del Aprendizaje (DEAS) se pueden definir mediante algunos criterios de exclusión que les otorgan una especificidad particular.

Estas dificultades se producen en personas que tienen una inteligencia promedio, en ausencia de déficits sensoriales, neurológicos, psíquicos o socioculturales.

Para poder hablar de una dificultad específica del aprendizaje, es imprescindible comprobar que existe un rendimiento académico considerablemente inferior al que se espera por la edad, escolarización y nivel de inteligencia mediante pruebas estandarizadas administradas individualmente en las áreas de cálculo, lectura o expresión escrita.

El Coeficiente Intelectual y el rendimiento escolar no funcionan de forma paralela.

La distinción sólo puede explicarse mediante test de coeficiente intelectual y de rendimiento escolar estandarizados y adecuados al contexto del sistema educativo y cultural del niño/a.

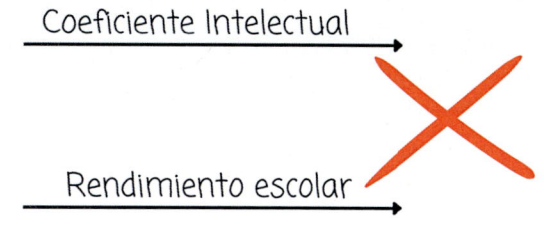

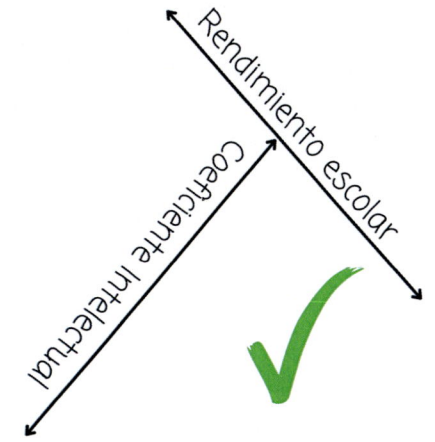

Las dificultades específicas del aprendizaje no son una barrera o un impedimento para aprender o para poder llegar a los objetivos académicos que una persona se plantea, sino una oportunidad para explorar nuevas formas de aprender. Puede que el camino de este aprendizaje sea diferente o más complejo, pero existe un camino que se puede reco-rrer con un apoyo adecuado.

 Cerebro Neurotípico

 Aprendizaje

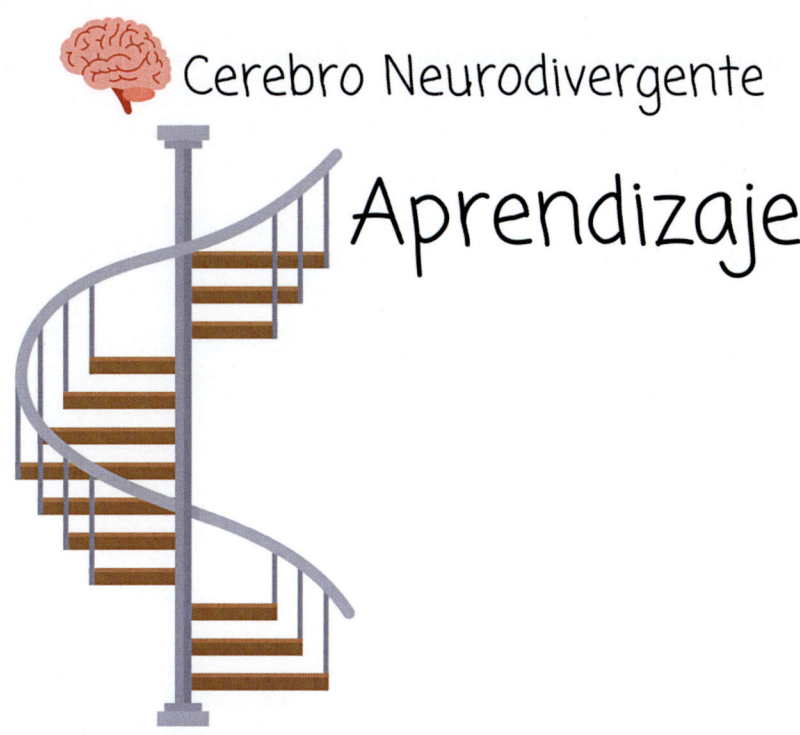

Cerebro Neurodivergente

Aprendizaje

Para el diagnóstico debemos tener en cuenta una serie de factores, que son:

La presencia de un deterioro clínicamente significativo en el rendimiento escolar en una o ambas áreas (Matemáticas y/o Lengua).

El déficit debe ser específico, es decir, que su origen no sea la existencia de una discapacidad intelectual.

Deben estar ausentes factores externos que pudieran justificar suficientemente las dificultades escolares, por ejemplo, el ausentismo escolar prolongado o la interrupción de la escolarización por un cambio de centro, una escolarización escasa, etc.

¡HERRAMiENTAS!

El Diagnostic and Statistical Manual of Mental Disorders o Manual Diagnóstico y Estadístico de Trastornos Mentales (DSM V) es un manual diagnóstico y estadístico de los trastornos mentales (2013).

Es una herramienta de clasificación y diagnóstico publicada por la Asociación Estadounidense de Psiquiatría (APA). Este manual nos permite tener un mismo "idioma" entre profesionales para poder comunicarnos de un modo más eficiente, ya que, en este manual, los diferentes trastornos están definidos con unos criterios muy específicos y pueden ser codificados.

Su última revisión fue en el año 2013 y allí los DEAS se incluyen en una categoría llamada Trastornos del Neurodesarrollo.

Otra herramienta clave que debemos conocer antes de adentrarnos en esta guía son las **reeducaciones pedagógicas.**

Se trata de una intervención educativa adaptada a las necesidades de estudiantes de diferentes niveles educativos (desde la etapa de educación infantil hasta cualquier otra etapa educativa) que presentan desafíos específicos en el ámbito del aprendizaje.

Estas reeducaciones las llevan a cabo las **pedagogas y pedagogos** y son esenciales para un buen desarrollo educativo cuando se dan trastornos específicos del aprendizaje o dificultades específicas del aprendizaje.

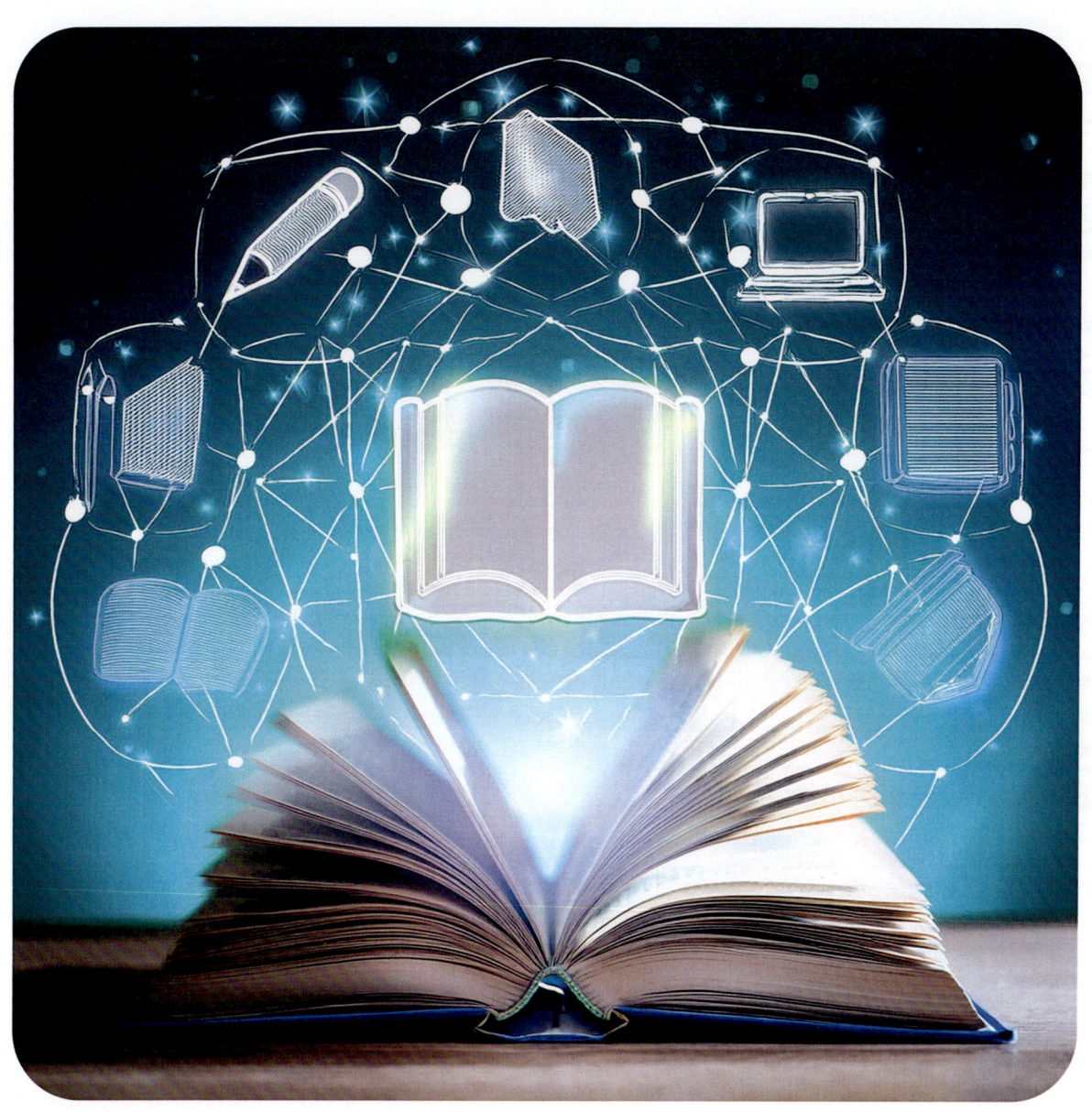

¿QUÉ ES LA DISLEXIA?

El trastorno específico del aprendizaje en la lectura o dislexia es una dificultad específica en la lectura y se caracteriza por un déficit en el desarrollo de la comprensión y reconocimiento de textos escritos.

Esta dificultad del aprendizaje no es debido a una baja inteligencia, un retraso mental, una escolarización escasa, un problema neurológico, ni tampoco a un déficit sensorial (visual o auditivo).

Es una dificultad significativa en lectura o escritura en posesión de un nivel cognitivo promedio. Este trastorno ocurre en niños/as sin déficits auditivos, visuales y sensoriales y en ausencia de enfermedades o trastornos neurológicos.

La dislexia no es: una dificultad en la lectura en niños/as con otros trastornos del desarrollo (TEA, Síndrome de Down…, etc.). Tampoco son dificultades en la lectura y escritura que aparecen en niños/as y niñas que se desarrollan en contextos sociales desfavorecidos, ni tampoco se trata de un retraso en la lectura producido por falta de asistencia al centro educativo.

La dislexia se manifiesta en una lectura lenta, la carencia de ritmo, pausas para pensar, donde los niños/as se desubican y se confunden de renglón durante la lectura y se dan falsos arranques.

Generalmente, se cometen errores relacionados con las omisiones, inversiones, repeticiones, traslados, adiciones y sustituciones de palabras o algunas partes de las palabras. También suelen realizar errores en la adhesión o separación de las palabras dentro de una frase.

En algunos casos, también pueden darse errores visuales en algunas grafías, por ejemplo: cambiar "hacer" por "nacer".

Además de los errores que se producen en la lectura, la dislexia también se transporta a las tareas que requieren la escritura, tanto en la escritura espontánea como en los dictados.

Las dificultades básicas de un alumno/a con dislexia ocurren a nivel de la conciencia fonológica y de la manipulación de sonidos y letras, en la lectura de palabras aisladas, en la fluidez lectora, en el deletreo de palabras o en el área de la ortografía. Otras consecuencias podrían ser la aparición de dificultades de comprensión lectora y/o en la expresión escrita.

> La dislexia, además de los errores que se dan en la lectura, también se manifiesta en tareas que requieran escribir, ya sea de modo espontáneo como cuando realizan un dictado.

En cuanto a los indicadores tempranos, en lo que respecta a la edad de detección, se suele detectar de manera muy clara a los 7 años, ya que es cuando ya se ha iniciado la enseñanza de la lectura en general en la educación reglada.

Aunque hasta los 7 años no se suele detectar de forma clara, es conveniente observar a las niñas y niños/as antes de esta edad, y no encasillarlos en un rol de perezosos/as, ya que en ocasiones se puede caer en este error y este error puede afectar a la autoestima de los y las peques.

SEÑALES DE ALERTA DE LA DISLEXIA

EN EL ÁREA DEL LENGUAJE:

Retraso en el desarrollo del lenguaje.

Poco crecimiento del vocabulario.

Les cuesta encontrar una palabra concreta durante una conversación.

Tienen dificultades para pronunciar sonidos de algunas palabras.

Sustituyen sonidos o palabras.

Tienen dificultades para combinar los sonidos, rimar palabras, identificar posiciones dentro de las palabras, dividir palabras en sílabas e invertir el orden de los sonidos.

EN EL ÁREA MOTORA:

Tienen torpeza en pautas motoras simples o complejas.

No tienen un agarre o prensión estable del lápiz.

Dificultades en la localización de los dedos.

Les resulta imposible atarse los cordones a los 5 años.

EN EL ÁREA DEL APRENDIZAJE:

No tienen interés en aprender las letras y los números.

Presentan dificultad para aprender, recordar, nombrar rápidamente letras, números, colores y días de la semana.

Presentan inquietud motora.

Muestran periodos de atención breves.

Tienen dificultades para seguir consignas y rutinas.

Las niñas y niños/as con trastornos específicos de la lectura suelen tener antecedentes de trastornos específicos del desarrollo del habla y del lenguaje expresivo. También hay casos en los que pueden haber pasado las etapas del desarrollo del lenguaje a la edad esperada, pero han tenido dificultades en el procesamiento auditivo.

El desorden mental, es el obstáculo que dificulta el aprendizaje.

Desorden mental: ideas mezcladas, pautas de actuación desordenadas, información de varios tipos mezclada...

<u>Mente organizada</u>: pautas de actuación claras, ideas organizadas, información organizada y clasificada

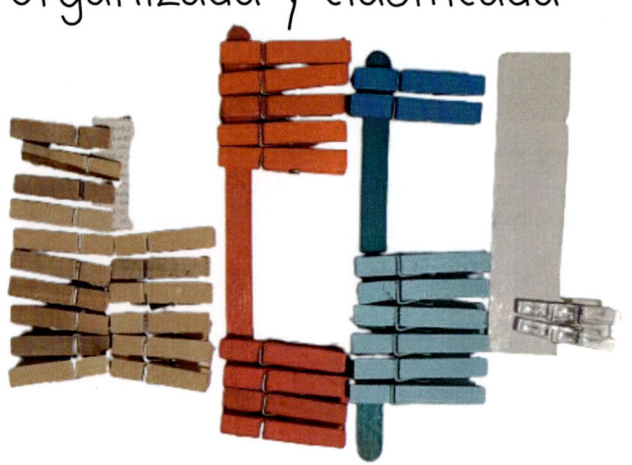

Imagina que tienes un armario muy grande y en él tienes todas tus cosas, la ropa de hacer deporte, la ropa de calle, la ropa para eventos especiales, la ropa de invierno, la ropa de verano, las chaquetas de entretiempo, los abrigos, los bikinis, bañadores... pero lo tienes todo arrugado, mezclado y sin ningún orden.

Entonces, por ejemplo, siempre que necesitas encontrar el bañador para ir a la piscina, no lo encuentras y parece que necesitas ir a comprar uno. No puedes ir a la piscina porque necesitas antes comprar un bañador y lo mismo te pasa con casi todo, que, a pesar de tenerlo, al no poder ubicarlo en el momento en el que tienes la necesidad, es como si no lo tuvieses. Esto es el desorden mental, a pesar de tener los recursos, no se pueden utilizar cuando se necesitan porque no se encuentran.

La apatía, la pereza o la desgana, que en estos casos muestran, no es eso, es simplemente lo que les produce la dificultad para acceder a los recursos. "El desorden mental les impide encontrar la prenda adecuada para la actividad que se va a realizar".

SÍNTOMAS QUE SE PUEDEN MOSTRAR EN LAS TAREAS DIARIAS:

1 Desorganización

Los libros con las hojas dobladas, mal colocados en la mesa, las esquinas de libros y carpetas rotas, una mesa llena de papeles, en la que no se sigue un orden y nada está en su sitio, los bolígrafos y lápices tirados, sin estar en un bote, tachones en las actividades de clase, además de actividades con una escritura sucia y en ocasiones ilegible.

2 Retraso en la adquisición del lenguaje:

Se observa una diferencia significativa con el resto de alumnos/as del grupo-clase.

3 Poca capacidad memorística:

Se muestra dificultad para retener el nombre de palabras que usa habitualmente.

4 Desorientación espacial:

Dificultades para ubicar la izquierda y la derecha, pensar que es arriba y que es abajo, al lado y enfrente...

5 Dificultad para retener información:

Confusión, durante el proceso de aprendizaje de alguna acción, cuando parece que lo tienen asimilado, al día siguiente, de repente, han retrocedido y esto produce una sensación de malestar que desemboca en enfado hacia el aprendizaje.

6 Inversión u omisión de letras:

Invertir la dirección de las letras al realizar la grafía, escribiendo en espejo u omitiendo letras.

7 Falta de atención:

Mucha facilidad para distraerse, incluso con cosas muy simples.

8 Baja autoestima:

Tienden a decir cosas como "no soy capaz", "no se me da bien", "no soy bueno/a en esto o aquello", "soy torpe" ... estos mensajes van cargados de un sentimiento de frustración.

Al realizar trabajos escolares, tienden a copiarse, ya que no tienen confianza en sí y no se creen capaces de realizar el trabajo correctamente.

9 Escritura de textos de baja calidad:

Letra muy grande o muy pequeña, escritura torcida. La letra minúscula puede estar entrelazada y ser difícil de leer, falta de limpieza, los textos, en muchas ocasiones, son carentes de sentido, falta de coherencia, de conectores, de signos de puntuación...

10 Pausas frecuentes en la lectura:

Al leer, suelen realizar pausas en las que se puede producir un sonido como "mm" "ahm" ... Estas pausas las suelen utilizar para ubicarse en el renglón y la palabra que toca.

Además, se suelen ayudar de apoyos como el dedo o una regla para seguir bien la lectura y no perderse.

¿CÓMO EDUCAR CON DISLEXIA?

Antes que nada, se debe saber, conocer, investigar sobre las dificultades a las que se enfrenta la persona con este trastorno del aprendizaje. Una vez se entiendan las adversidades a las que las personas con este trastorno del aprendizaje se enfrentan, seremos capaces de ponernos en su lugar, y a partir de aquí, trabajar para facilitarles el aprendizaje.

Algunos consejos generales son: la estimulación de las funciones ejecutivas, haciendo hincapié en la parte de la lectoescritura y la interpretación, ya sea mediante actividades escolares o en las sesiones con la persona profesional de la pedagogía, o bien haciendo que participen en algunas tareas del hogar (adaptando siempre el nivel de complejidad a las capacidades de la persona, ya sea por edad, por conocimientos previos, etc.).

Hay muchas tareas del día a día que requieren la implicación de las funciones ejecutivas y en especial la necesidad de leer y escribir. Por ejemplo, ir a hacer la compra, en esta actividad se debe hacer una lista, calcular la cantidad de dinero que va a costar y si vamos a pagar en efectivo o con tarjeta de crédito, pensar qué nos viene mejor, planificar la hora a la que se irá, a qué mercado/supermercado se irá, ya sea por proximidad o porque es más práctico, interpretar la lista que se ha escrito previamente, mirar los precios de los productos que vamos adquiriendo.

En fin, realizar una planificación es un ejemplo de una actividad práctica para trabajar la dislexia.

Trabajar la lectura en voz alta, aprovechando cualquier ocasión que pueda darse en el día a día.

Escribir correos electrónicos o cartas a amigos y familiares también es otra actividad que se puede introducir fácilmente en las actividades diarias.

Fomentar una buena autoestima y un buen autoconcepto es necesario, animar a que sigan practicando la lectura por placer y remarcar que están evolucionando, que el proceso no está estancado.

PAUTAS DE ACTUACIÓN:

La comunicación entre los y las profesionales de la pedagogía, psicología, neurología, los y las docentes y la familia es imprescindible para llevar a cabo una buena intervención.

Algunas de las medidas básicas que se pueden tomar a nivel de aula son:

- Situar al alumno/a en un sitio próximo a la pizarra, lejos de las ventanas, para reducir las posibles distracciones.

- Utilizar una metodología en la que la enseñanza se muestre como algo funcional, que entiendan por qué y para qué aprenden algo y en qué les va a resultar útil.

- Reducir los enunciados de las preguntas (a una o dos palabras) dependiendo del nivel, tipo de preguntas, etc.

- Utilizar apoyos visuales.

- Introducir la manipulación para que se implique en el propio aprendizaje.

- Ofrecer tiempo extra para la realización de las actividades de clase.

- Adecuar la cantidad y la dificultad de los deberes.

- Si es necesario, dejar que tenga en la mesa apuntes o esquemas simples del temario que se está dando en clase.

Cada alumno/a es único/a, y cada cual tiene sus aspectos y necesidades en cuanto a dificultades a atender nos referimos. Por esto es importante adaptar las pautas a la individualidad, dificultad y nivel del alumno/a.

Debemos tener en cuenta una serie de características para facilitar el aprendizaje al alumnado con dislexia:

1. TRABAJAR LA CONCIENCIA FONOLÓGICA:

Las personas con dislexia suelen presentar dificultades para reconocer y manipular los sonidos del habla. Proporcionar actividades que desarrollen la conciencia fonológica, como juegos de rimas, segmentación de sonidos y práctica de fonemas, servirá de apoyo para potenciar una mejora significativa.

2. UTILIZAR MÉTODOS MULTISENSORIALES:

Utilizar múltiples modalidades sensoriales (visual, auditiva, táctil), utilizar materiales manipulativos, dibujos, vídeos y actividades prácticas puede ser un beneficio para potenciar las habilidades de lectura y escritura.

3. REALIZAR UN ENFOQUE ESTRUCTURADO Y SISTEMÁTICO:

Proporcionar instrucciones estructuradas y secuenciadas puede proporcionar beneficios a las personas con dislexia, para comprender mejor los conceptos. Esto implica secuenciar y desglosar las tareas en pasos más pequeños y proporcionar abundante práctica y retroalimentación constante.

4. SER FLEXIBLES EN EL RITMO DE APRENDIZAJE:

Conocer que las personas con dislexia pueden necesitar más tiempo para procesar la información y aprender nuevas habilidades es clave. Ser flexible con el ritmo de enseñanza y proporcionar apoyo adicional siempre que sea necesario es fundamental.

5. BRINDAR APOYO EMOCIONAL Y TRABAJAR LA AUTOESTIMA:

La dislexia puede afectar la autoestima y la motivación de las personas. Es importante crear un ambiente de apoyo, confianza y comprensión, resaltando los esfuerzos, haciendo hincapié en el progreso, y ayudando a desarrollar una actitud positiva hacia el aprendizaje.

6. UTILIZAR LA TECNOLOGÍA Y AYUDAS VISUALES:

Las herramientas tecnológicas, como software de lectura y escritura, pueden ser de ayuda para las personas con dislexia. Además, el uso de ayudas visuales, como diagramas, gráficos y organizadores visuales, que puedan manipular ellos mismos, puede potenciar y facilitar la comprensión y la retención de la información.

7. TRABAJAR EN COLABORACIÓN CON PROFESIONALES ESPECIALIZADOS:

Trabajar en colaboración con profesionales especializados, como pedagogos, logopedas y neurólogos, puede proporcionar estrategias adicionales y un apoyo personalizado para abordar las necesidades específicas de cada persona con dislexia.

Teniendo en cuenta estas características y estrategias educativas, llevándolas a la práctica, adaptándonos a las necesidades individuales, es posible crear un entorno de aprendizaje inclusivo, seguro y efectivo para las personas con dislexia.

PAUTAS, ACTIVIDADES Y SUGERENCIAS:

RODEA LAS IMÁGENES QUE EMPIECEN POR LA LETRA GRANDE:

En esta actividad se trabaja la coordinación grafema-fonema, la cual es un proceso fundamental en la lectura y la escritura que implica la capacidad de asociar los símbolos gráficos (letras o grafemas) con los sonidos correspondientes (fonemas) en un idioma determinado. Es decir, es la habilidad para reconocer que las letras o combinaciones de letras en un texto representan sonidos específicos del lenguaje hablado. En esta actividad, se presentan las láminas de las letras y se debe marcar con una cruz el dibujo de las palabras que no empiecen por la letra de la lámina.

A continuación, se pueden escribir las palabras y combinarlas para hacer oraciones. Recuerda que esta actividad es para trabajar con alumnado que está en proceso de iniciación a la lectoescritura y para personas con dificultades específicas del aprendizaje, dislexia en concreto.

Por lo tanto, es imprescindible adaptar la actividad al nivel de quien la va a realizar.

RUEDAS DE CONCIENCIA FONOLÓGICA

PROPUESTAS DE ACTIVIDADES:

CARRERA DE PALABRAS

Coloca las ruedas en el suelo y marca una línea de salida. El niño/a debe correr hasta la rueda, encontrar una palabra y decirla en voz alta.

HISTORIAS LOCAS:

Cada niño/a dice una frase utilizando una palabra de la rueda. Juntos crean una historia divertida y sin sentido.

ACTIVIDADES DE DISCRIMINACIÓN AUDITIVA:

¿QUÉ SONIDO ESCUCHO?

Reproduce diferentes sonidos (animales, objetos, acciones) y pide al niño/a que señale la imagen de la rueda cuyo sonido se asemeje al que escuchó.

RIMAS DIVERTIDAS

Elige una palabra de la rueda y pide al niño/a que encuentre otras palabras de la rueda que rimen con ella.

PALABRAS QUE EMPIEZAN IGUAL:

Selecciona una palabra de una rueda y pide al niño/a que encuentre todas las palabras de las demás ruedas que empiecen con el mismo sonido.

ACTIVIDADES DE SEGMENTACIÓN SILÁBICA:

CUENTA LAS SÍLABAS

Pide al niño/a que cuente las sílabas de cada palabra en la rueda y que las señale con el dedo.

SEPARA EN SÍLABAS

El niño/a debe separar cada palabra en sílabas, diciendo cada una por separado.

ESCRIBIR FRASES Y/ O HISTORIAS

Escribir una frase con cada palabra de la rueda, redactar una historia simple con todas las palabras de una rueda o combinar dos ruedas.

TRABAJAR DOS FONEMAS SIMILARES

Por ejemplo, trabajar las ruedas de la c y la k, escribiendo las palabras que aparecen y palabras derivadas; utilizar las ruedas de la b y la v para trabajar estos dos fonemas y resaltar las diferencias...

ACTIVIDADES DE MANIPULACIÓN FONÉMICA:

Quita un sonido. Elige una palabra de la rueda y pide al niño/a que diga la palabra quitando el sonido inicial.

AÑADE UN SONIDO

Elige una palabra de la rueda y pide al niño/a que añada un sonido al principio o al final para formar una nueva palabra.

CAMBIA UN SONIDO

Elige una palabra de la rueda y pide al niño/a que cambie un sonido por otro para formar una nueva palabra.

ACTIVIDADES DE CREACIÓN DE PALABRAS:

CONSTRUYE UNA PALABRA

Dales una serie de sonidos y pídeles que construyan una palabra utilizando las imágenes de la rueda como referencia.

INVENTA UNA HISTORIA

El niño/a elige varias palabras de diferentes ruedas y crea una historia utilizando esas palabras.

ACTIVIDADES DE CLASIFICACIÓN:

CLASIFICA POR SONIDO INICIAL:

Pide al niño/a que separe las palabras de las ruedas según su sonido inicial.

CLASIFICA POR NÚMERO DE SÍLABAS:

Pide al niño/a que separe las palabras de las ruedas según el número de sílabas.

CONSEJOS ADICIONALES:

VARÍA LAS ACTIVIDADES:

Alterna entre actividades individuales y en grupo para mantener el interés de los niños/as.

ADAPTA LAS ACTIVIDADES:

Ajusta la dificultad de las actividades según la edad y el nivel de cada niño/a.

UTILIZA DIFERENTES MATERIALES:

Combina las ruedas con otros materiales como fichas, plastilina o bloques para hacer las actividades más atractivas.

HAZ QUE SEA DIVERTIDO:

Utiliza juegos, canciones y recompensas para motivar a los niños/as.

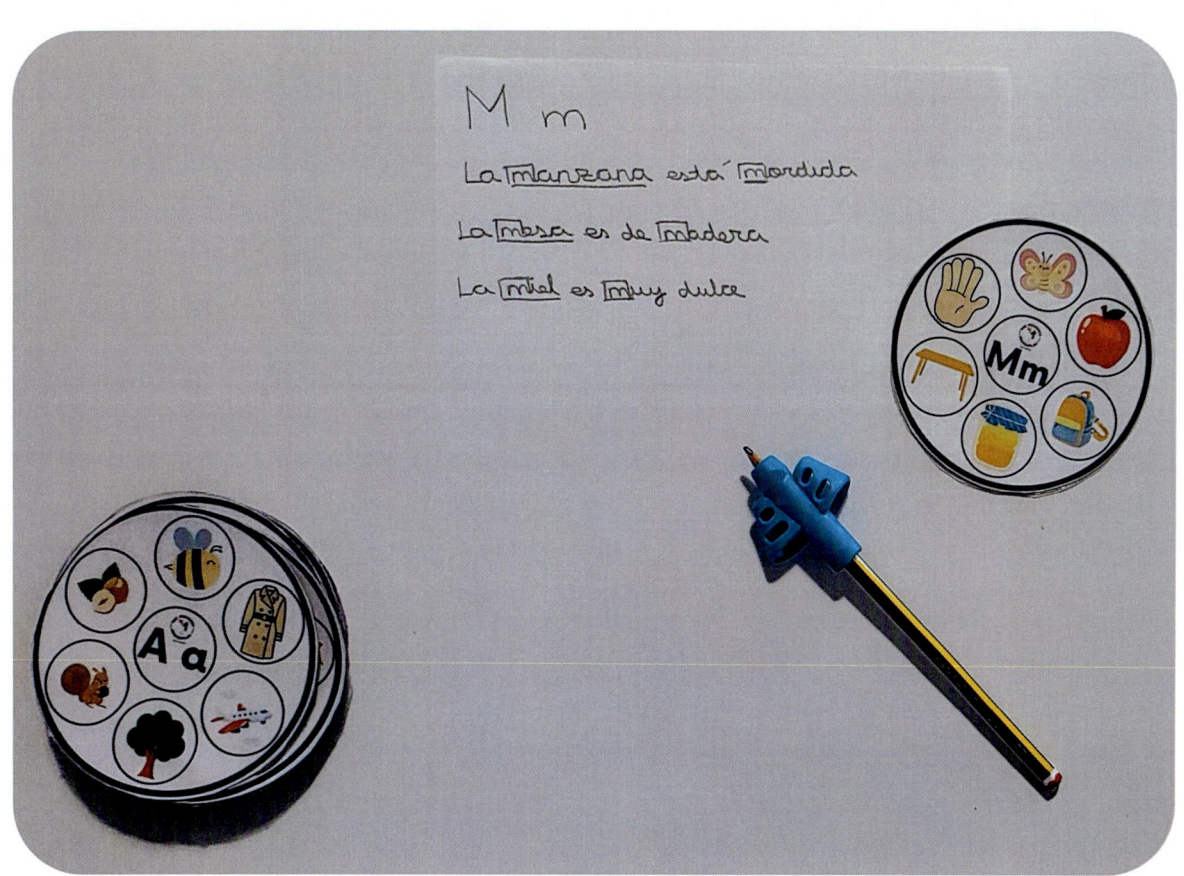

ACTIVIDAD PARA TRABAJAR LA CONCIENCIA LÉXICA

ACTIVIDADES DE DISCRIMINACIÓN LÉXICA:

¿QUÉ ES QUÉ?

Muestra una tarjeta con un dibujo y varias tarjetas con palabras. El niño/a debe elegir la palabra que corresponde al dibujo.

ENCUENTRA AL INTRUSO

Presenta un conjunto de tarjetas con palabras relacionadas y una que no lo sea. El niño/a debe identificar la palabra que no pertenece al grupo.

CLASIFICA

Entrega un conjunto de tarjetas con palabras de diferentes categorías (animales, frutas, colores, etc.). El niño/a debe clasificar las tarjetas por categorías.

ACTIVIDADES DE COMPOSICIÓN LÉXICA:

CREA UNA ORACIÓN

Entrega una tarjeta con una palabra y pide al niño/a que construya una oración completa utilizando esa palabra.

AÑADE UNA PALABRA

Presenta una oración incompleta y varias tarjetas con palabras. El niño/a debe elegir la palabra que complete la oración de manera lógica.

CAMBIA UNA PALABRA

Presenta una oración y pide al niño/a que cambie una palabra para darle un nuevo significado.

ACTIVIDADES DE ANÁLISIS LÉXICO:

CUENTA LAS PALABRAS

Muestra una tarjeta con una frase y pide al niño/a que cuente cuántas palabras hay.

BUSCA PALABRAS QUE RIMEN

Entrega un conjunto de tarjetas con palabras y pide al niño/a que encuentre las que rimen entre sí.

SEPARA EN SÍLABAS

Muestra una tarjeta con una palabra y pide al niño/a que la divida en sílabas.

ACTIVIDADES DE AMPLIACIÓN LÉXICA:

SINÓNIMOS Y ANTÓNIMOS

Presenta una tarjeta con una palabra y pide al niño/a que encuentre sinónimos (palabras con significado similar) y antónimos (palabras con significado opuesto).

FAMILIAS DE PALABRAS

Entrega una tarjeta con una palabra raíz y pide al niño/a que forme nuevas palabras añadiendo prefijos o sufijos.

PALABRAS COMPUESTAS

Explica el concepto de palabras compuestas y presenta ejemplos. Pide al niño/a que forme palabras compuestas a partir de dos palabras simples.

ACTIVIDADES DE COMPRENSIÓN LÉXICA:

EXPLICA EL SIGNIFICADO

Muestra una tarjeta con una palabra y pide al niño/a que explique su significado con sus propias palabras.

USO EN CONTEXTO:

Presenta una tarjeta con una oración y pide al niño/a que explique el significado de una palabra en ese contexto.

RELATA UNA HISTORIA:

Entrega un conjunto de tarjetas con palabras clave y pide al niño/a que invente una historia utilizando esas palabras.

(Ajusta la dificultad de las actividades según la edad y el nivel de desarrollo del niño/a).

Roca
ROCA

Hora de dormir

Hora de dormir

Taza
TAZA

El niño come una manzana.

Saltamontes SALTAMONTES	Mariposa MARIPOSA	Cumpleaños CUMPLEAÑOS	Paraguas PARAGUAS	Girasol GIRASOL	Rascacielos RASCACIELOS
Mesa MESA	Nube NUBE	Libro LIBRO	Taza TAZA	Roca ROCA	Luna LUNA
El agua es fresca y clara.	El sol brilla en el cielo.	María lee un libro.	El perro ladra en el jardín.	El niño come una manzana.	Hora de dormir

LA CASA DE LAS LETRAS

Esta actividad es una propuesta muy visual y divertida para trabajar la asociación grafema-fonema. Esta actividad, al ser lúdica y visual, resulta muy efectiva para trabajar la asociación grafema-fonema, especialmente en niños/as con dislexia. Al proporcionar una experiencia de aprendizaje significativa y divertida, fomenta el desarrollo de habilidades fundamentales para la lectura y la escritura.

OBJETIVOS:

GENERAL:

Fortalecer la conciencia fonológica y la asociación grafema-fonema en niños/as, especialmente en aquellos con dificultades de lectoescritura como la dislexia.

ESPECÍFICOS:

- Identificar el sonido inicial de las palabras.

- Asociar el sonido inicial con la letra correspondiente.

- Clasificar palabras según su sonido inicial.

- Desarrollar habilidades de segmentación fonémica.

- Ampliar el vocabulario.

- Fomentar la autonomía y la resolución de problemas.

MATERIALES:

- Un conjunto de casas, cada una con una letra del abecedario en la puerta.

- Imágenes de objetos o palabras que empiecen con cada letra.

- Imágenes en blanco para que los niños/as puedan dibujar o pegar sus propias palabras.

PROCEDIMIENTO:

PRESENTACIÓN:

Explica a los niños/as que cada casa es para una letra en particular. Muestra cómo asociar una imagen con la letra inicial de la palabra correspondiente.

CLASIFICACIÓN:

Los niños/as deben clasificar las imágenes en las casas correctas, según la letra inicial de la palabra que representa cada imagen.

CREACIÓN:

Proporciona a los niños/as imágenes en blanco para que dibujen o peguen palabras nuevas y las coloquen en la casa correspondiente.

JUEGO LIBRE:

Permite que los niños/as exploren las casas y las palabras de forma libre, creando sus propias historias o juegos.

VARIACIONES:

. . . .

DIFICULTAD:

Utiliza dados con letras para que los niños/as tiren el dado y busquen una imagen que empiece con esa letra.

COOPERATIVO:

Organiza grupos de niños/as para que trabajen juntos en la clasificación de las imágenes.

COMPETITIVO:

Convierte la actividad en un juego de rapidez y precisión.

JUSTIFICACIÓN:

Esta actividad es especialmente beneficiosa para trabajar la asociación grafema-fonema porque:

- ES VISUAL: Las casas y las imágenes proporcionan una representación visual clara de la relación entre el sonido y la letra.

- ES MANIPULATIVA: Los niños/as interactúan físicamente con los materiales, lo que facilita el aprendizaje.

- ES FLEXIBLE: Se puede adaptar a diferentes niveles y edades, y se pueden crear múltiples versiones.

- ES DIVERTIDA: El juego y la exploración hacen que el aprendizaje sea más atractivo y motivador.

- ES INDIVIDUALIZADA: Cada niño/a puede trabajar a su propio ritmo y con el nivel de dificultad adecuado.

BENEFICIOS PARA NIÑOS/AS CON DISLEXIA:

REFUERZA LA CONCIENCIA FONOLÓGICA:

Al identificar el sonido inicial de las palabras, los niños/as con dislexia fortalecen una habilidad fundamental para la lectura.

FACILITA LA DECODIFICACIÓN:

Asociar el sonido con la letra ayuda a los niños/as a decodificar palabras desconocidas.

AUMENTA LA CONFIANZA:

El éxito en esta actividad fomenta la autoestima y la motivación para seguir aprendiendo.

Ampliación:

SONIDOS FINALES:

Puedes crear casas con los sonidos finales de las palabras.

SÍLABAS:

Puedes dividir las palabras en sílabas y clasificarlas según la sílaba inicial.

PALABRAS CON LA MISMA LETRA:

Crea grupos de palabras que empiecen con la misma letra y pídeles a los niños/as que encuentren las diferencias y similitudes entre ellas.

La casa de las letras.
ABC

MISIÓN SUPERLETRAS: AVENTURAS PARA DOMINAR LA LECTURA Y LA ESCRITURA

Un juego de mesa interactivo que combina actividades de lectoescritura con elementos de gamificación y movimiento.

OBJETIVO:

- Ayudar a los adolescentes a mejorar sus habilidades de lectura, escritura y expresión escrita de una manera divertida y atractiva.

PÚBLICO OBJETIVO:

Adolescentes de 12 a 18 años con TDAH y dificultades en la lectoescritura.

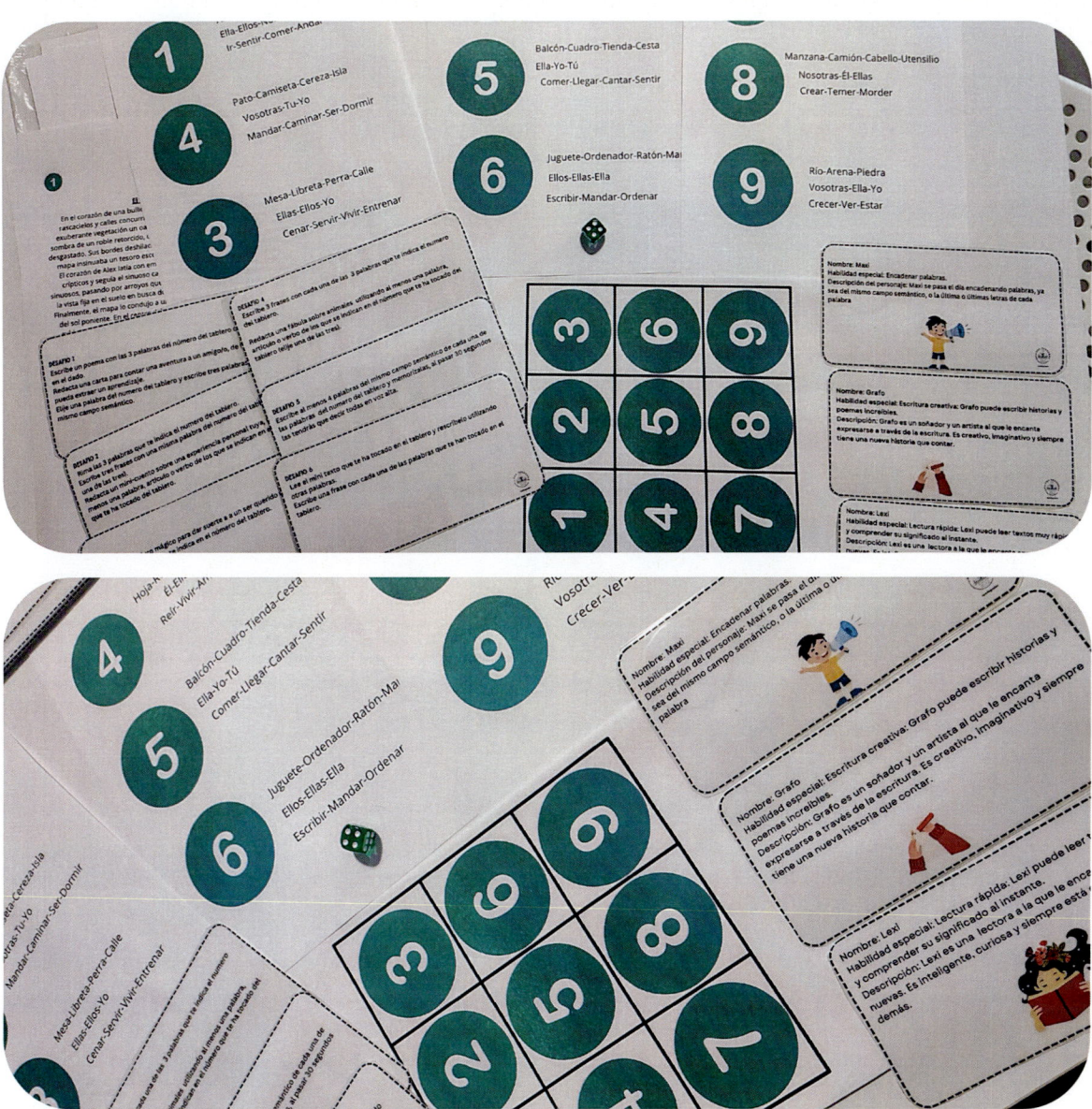

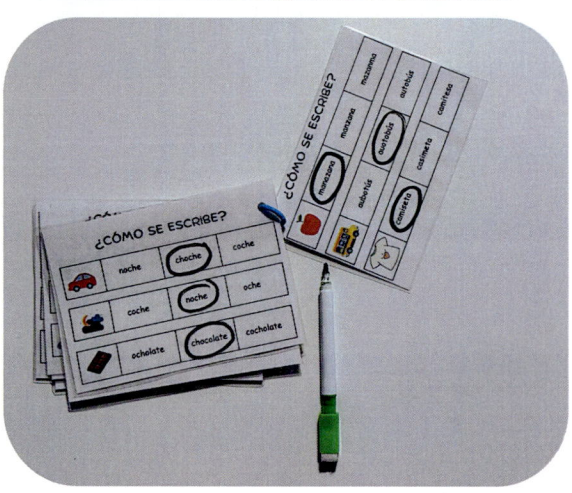

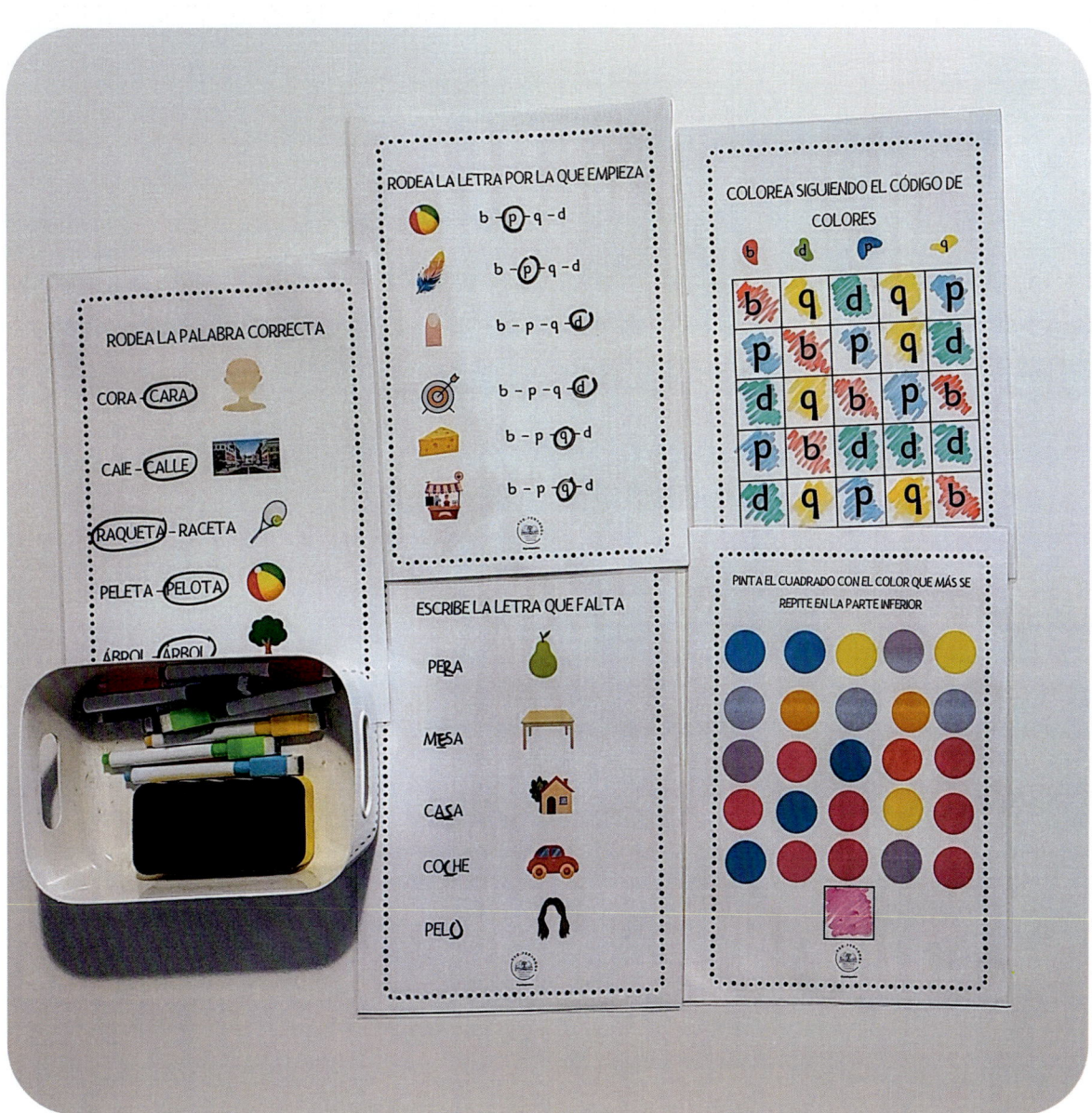

RODEA LA PALABRA CORRECTA

CORA - CARA

CAIE - CALLE

RAQUETA - RACETA

PELETA - PELOTA

ÁRBOL - ARBOL

RODEA LA LETRA POR LA QUE EMPIEZA

b - p - q - d

b - p - q - d

b - p - q - d

b - p - q - d

b - p - q - d

b - p - q - d

ESCRIBE LA LETRA QUE FALTA

PERA

MESA

CASA

COCHE

PELO

COLOREA SIGUIENDO EL CÓDIGO DE COLORES

b   d   p   q

b   q   d   q   p

p   b   p   q   d

d   q   b   q   b

p   b   d   d   d

d   q   q   p   q   b

PINTA EL CUADRADO CON EL COLOR QUE MÁS SE REPITE EN LA PARTE INFERIOR

47

¿QUÉ ES EL TDAH?

TDAH, Trastorno por Déficit de Atención e Hiperactividad.

El TDAH es una condición neuroconductual caracterizada por falta de atención, excesiva inquietud, distracción e impulsividad más allá de lo que se espera para el nivel de desarrollo cognitivo de la persona.

En general, se detecta por primera vez en edad escolar, aunque puede diagnosticarse en personas de todas las edades.

Las personas con TDAH no tienen un déficit de atención en sí, es decir, no hay falta de recursos, sino que se da una dificultad específica en la asignación de atención a una tarea concreta, este hecho depende de las funciones ejecutivas.

En algunos casos, solo se dan problemas de atención, en otros, solo tienen problemas de impulsividad e hiperactividad, otros casos tienen desafíos en ambas áreas.

Con el tiempo, la hiperactividad y la impulsividad tienden a disminuir, pero se mantienen las dificultades de atención, distracción y organización.

Para ayudar a definir las características y llegar al diagnóstico del TDAH, nos basaremos en los criterios establecidos en el DSM-5 (Manual Diagnóstico y Estadístico de los Trastornos Mentales).

SEÑALES DE ALERTA:

Los síntomas, dentro de los parámetros establecidos por edades, se clasifican en dos bloques:

FALTA DE ATENCIÓN:

Los síntomas de falta de atención deben estar presentes al menos 6 meses y no ser apropiados para el nivel de desarrollo de la persona.

Se cometen errores por descuido tanto en actividades escolares como en las de la vida cotidiana, trabajo...

No logran prestar una atención adecuada a los detalles.

Tienen dificultades para mantener la atención en actividades recreativas.

Parece que no escucha cuando se le habla de forma directa.

No sigue instrucciones y no consigue terminar las actividades que se le plantean en los diferentes ámbitos de la vida: escuela, casa y trabajo.

Tiene dificultades para organizar las tareas y actividades que debe hacer.

Evita, muestra antipatía o se niega a hacer o participar en actividades que le requieran realizar un esfuerzo mental durante un periodo prolongado.

Pierde cosas necesarias para las tareas y actividades con frecuencia (material escolar, herramientas, carteras, llaves, billetes, gafas, teléfonos...).

Se distrae con mucha facilidad.

Se olvida de las cosas durante las actividades diarias a menudo.

HIPERACTIVIDAD E IMPULSIVIDAD:

Los síntomas de hiperactividad e impulsividad deben estar presentes al menos 6 meses y no ser apropiados para el nivel de desarrollo de la persona.

Se mueve nerviosamente con frecuencia o da golpecitos con los pies o las manos, o se retuerce en el asiento.

No permanece sentado/a en situaciones en que se espera que este sentado/a.

Corre o trepa en situaciones en las que no es adecuado (en adolescentes o adultos, puede limitarse a una sensación de inquietud).

No puede jugar o participar en actividades recreativas tranquilamente.

Casi siempre está en movimiento y actúa como si algo le estuviese impulsando constantemente.

Habla en exceso.

Normalmente responde antes de que se termine de hacer la pregunta.

Le cuesta esperar su turno.

Interrumpe a otros/as o se entromete.

Para el diagnóstico del TDAH es fundamental evaluar los síntomas nucleares: déficit de atención, hiperactividad e impulsividad, que se presentan desde una edad temprana, antes de los 12 años, con una intensidad y frecuencia superior a la que es considerada normal para la edad y etapa de desarrollo y que estos síntomas deterioren o interfieran significativamente en el rendimiento en dos o más ámbitos de la vida del individuo/a (escolar, social, familiar o laboral).

Y que estos síntomas no sean a causa de otro problema médico o psiquiátrico.

Según los síntomas del TDAH, pueden verse 3 tipos de TDAH:

- **1 DA:** Presentación predominante de falta de atención (más frecuente entre las niñas).

- **2 HI:** Presentación en la que predomina la hiperactividad/impulsividad.

- **3 C:** Presentación combinada: déficit de atención e hiperactividad/impulsividad.

> Los síntomas y la presentación pueden cambiar con el tiempo. Por eso, se debe realizar un diagnóstico basándose en la trayectoria madurativa y teniendo en cuenta las situaciones contextuales y personales.

En el diagnóstico clínico, los médicos especialistas (pediatras, neuropediatras y psiquiatras) de niños/as y adolescentes podrán evaluar el comportamiento y decidir si se trata de sintomatología de TDAH o si existen otras causas para que sea excesivamente activo/a o inmaduro/a.

> Tras el diagnóstico, el tratamiento del TDAH debe plantearse desde un enfoque multidisciplinar y multimodal.

Debe ser individualizado y diseñado por un especialista o grupo de especialistas en función de las características sintomatológicas y las características contextuales (problemas asociados, entorno, familia, escuela, etc.). El enfoque multimodal en el tratamiento del TDAH se centra en la atención de las diferentes áreas afectadas (académica, familiar, neuropsicológica, y social).

Tiene por objetivo mejorar los síntomas nucleares del trastorno, reducir la aparición de problemas asociados, favorecer la adaptación académica, que adquieran competencias y estrategias básicas para un funcionamiento global óptimo y mejorar la calidad de vida de la persona con TDAH y su familia.

El tratamiento multimodal se basa en:

- Intervención familiar y capacitación para las familias.

- Tratamiento enfocado en el niño/a.

- Intervención escolar y extraescolar coordinada.

- Tratamiento farmacológico (cuando sea necesario).

Los profesionales anteriormente mencionados: pediatras, neuropediatras y psiquiatras de niños/as y adolescentes, más los pedagogos y pedagogas, que son las personas encargadas de llevar a cabo la intervención mediante reeducaciones pedagógicas, así como de orientar a las familias y a docentes, dando indicaciones y pautas a seguir.

A lo largo de los años, las definiciones y descripciones del TDAH han ido variando y seguramente lo van a seguir haciendo, teniendo en cuenta los avances que se están dando en neurociencia.

El concepto contemporáneo del trastorno por déficit de atención e hiperactividad, como se define en el DSM-5, es relativamente nuevo.

No todas las personas con TDAH tienen los mismos rasgos de personalidad, pero existen una serie de fortalezas personales que pueden hacer una gran diferencia positiva.

Para poder aprovechar estos rasgos de personalidad en beneficio de la persona con este diagnóstico, se necesita un apoyo especial por parte de profesionales de la pedagogía y que el entorno familiar participe.

Energía y entusiasmo ante actividades o proyectos que les apasionan y motivan.

Espontaneidad, se puede convertir la impulsividad propia del TDAH en espontaneidad y capacidad de liderazgo.

Creatividad, pueden tener una perspectiva diferente de la vida que, en ocasiones, se asocia a una creatividad inagotable. Hay estudios en los que se ha visto que las personas adultas con TDAH tienen niveles de pensamiento divergente, es decir, encuentran soluciones novedosas para la resolución de problemas.

Hiperfocalización, pueden quedarse absortos en una tarea que es posible que no perciban aquello que tienen alrededor, ni el paso del tiempo. Esto sucede de modo involuntario y se activa espontáneamente ante las actividades que les motivan. El beneficio es que una persona con TDAH puede estar trabajando en algo hasta completarlo sin perder la concentración.

PAUTAS DE ACTUACIÓN:

Para potenciar el aprendizaje académico: se pueden anticipar los temas a trabajar, repasar temas vistos y recordar los materiales necesarios al inicio, promover la participación activa, realizando preguntas simples que nos den información sobre aquello que está entendiendo y si está siguiendo el hilo.

- **FRACCIONAR LAS TAREAS:** En momentos del tiempo y explicar los pasos a seguir. Al finalizar la sesión hay que avisar que se está concluyendo, anticipar las tareas próximas.

- **VERBALIZAR LAS ESTRATEGIAS QUE SE VAN A UTILIZAR:** En la actividad, tratar que la organización de los materiales sea algo importante que guíe la tarea, priorizar un lugar silencioso, sin distracciones, para realizar tanto las tareas académicas como otro tipo de actividades: lectura, puzles...

- **CUIDAR LA UBICACIÓN DE LA PERSONA:** Si está dentro de un grupo, dependiendo de lo grande que este sea.

- **PARA INTERIORIZAR CONDUCTAS:** Utilizar refuerzos positivos, asociar la realización de una conducta con la obtención de una consecuencia agradable, buscando que el alumno/a que se beneficia de la consecuencia mantenga esta conducta en el tiempo. Se debe explicar todo de un modo muy claro y conciso y, si es necesario, ignorar algunas conductas de manera selectiva.

- **UTILIZAR FRASES MOTIVADORAS:** Para conseguir que logren realizar algo que les suponía un desafío.

- **BUSCAR LA ATENCIÓN MANTENIDA:** Mediante preguntas y la involucración en las actividades mediante la participación activa a través de preguntas y comentarios.

- ES IMPRESCINDIBLE ASEGURARSE DE QUE COMPRENDEN BIEN LAS INDICACIONES QUE SE LES DAN: Tanto en las tareas en el aula como en tareas de la vida cotidiana o en actividades del ocio personal.

- BUSCAR EL CONTACTO VISUAL: Repetir las instrucciones en otras palabras puede ser una forma de captar la atención.

- BUSCAR UN APRENDIZAJE: Entretenido y que no sea monótono, no valorar el resultado final de un trabajo, sino valorar el trabajo en su totalidad, haciendo hincapié en las pequeñas mejoras que se van dando día a día.

- IDENTIFICAR Y APROVECHAR LAS FORTALEZAS INDIVIDUALES: Para adaptar el contenido, la forma de hablar, de expresarse, etc.

- MANTENER UN CONTACTO CONTINUADO: En el que todas las partes estén involucradas, el trabajo cooperativo entre docentes, familia, alumno/a y pedagogos/as y médicos es imprescindible, además de que se mantenga un ambiente positivo en las intervenciones, reuniones, etc.

- UN BUEN AMBIENTE ENTRE LOS AGENTES DE INTERVENCIÓN: Promoverá el progreso y la autosuficiencia de las personas con TDAH.

¿CÓMO EDUCAR A PERSONAS CON TDAH?

Las personas con TDAH también tienen desorden mental.

Las ideas y la atención están presentes, pero necesitan parar a ordenarlas.

Por lo que establecer rutinas, pautas de actuación, utilizar autoinstruccio-nes, ayudará a poner orden a las ideas mezcladas y a focalizar la atención.

Educar a personas con Trastorno por Déficit de Atención e Hiperactividad (TDAH) requiere un enfoque integral que involucre a la familia, la escuela y otros profesionales de la salud mental. Es importante crear un ambiente de aprendizaje estructurado, positivo y estimulante que ayude a los estudiantes con TDAH a alcanzar su máximo potencial.

TÉCNICAS Y HABILIDADES NECESARIAS PARA FAMILIAS:

COMPRENSIÓN DEL TDAH:

Es fundamental que madres, padres y familiares comprendan los síntomas, las características y los desafíos del TDAH. Esto les permitirá brindar apoyo adecuado y crear un entorno hogareño que fomente el éxito del niño/a.

ESTRUCTURA Y RUTINA:

Implementar una rutina diaria predecible puede ayudar a los niños/as con TDAH a mantenerse organizados y enfocados. Esto incluye establecer horarios regulares para despertarse, acostarse, comer, hacer tareas y realizar actividades extracurriculares.

COMUNICACIÓN CLARA Y POSITIVA:

La comunicación abierta y honesta en el núcleo familiar, es esencial para manejar el TDAH. Es importante escuchar las necesidades y preocupaciones de los niños/as y adolescentes y establecer expectativas claras y consistentes.

REFUERZO POSITIVO:

Enfocarse en los logros y comportamientos positivos del niños/as puede ayudar a aumentar su autoestima y motivación. El uso de recompensas y elogios específicos puede reforzar los comportamientos deseados.

ESTRATEGIAS DE ORGANIZACIÓN:

Enseñar al niño/a estrategias de organización, como usar agendas, calendarios y listas de tareas pendientes, puede ayudarlo a manejar su tiempo y responsabilidades de manera efectiva.

LIMITAR LAS DISTRACCIONES:

Minimizar las distracciones en el hogar, como la televisión, los dispositivos electrónicos y el ruido excesivo, puede ayudar al niño/a a concentrarse en las tareas y actividades.

MANTENER UNA DIETA SALUDABLE Y UN HORARIO DE SUEÑO REGULAR:

Una dieta equilibrada y un horario de sueño adecuado son esenciales para el bienestar físico y mental del niño/as, lo que puede contribuir a mejorar los síntomas del TDAH.

BUSCAR APOYO PROFESIONAL:

Si las familias de niños/as y adolescentes necesitan necesitan ayuda para manejar el TDAH de sus hijos/as, es importante buscar apoyo profesional de pedagogas y pedagogos.

Educar a personas con Trastorno por Déficit de Atención e Hiperactividad (TDAH) requiere un enfoque integral que involucre a la familia, la escuela y otros profesionales de la salud mental. Es importante crear un ambiente de aprendizaje estructurado, positivo y estimulante que ayude a los estudiantes con TDAH a alcanzar su máximo potencial.

TÉCNICAS Y HABILIDADES NECESARIAS PARA FAMILIAS:

Antes que nada, es cierto que antes no había apenas diagnósticos de TDAH y que puede que pienses que en la actualidad hay muchísimos casos, pues puede que sí. Es cierto que antes apenas se daban diagnósticos de TDAH, pero eso no significa que no hubiese casos. En los últimos años, esta falta de diagnóstico ha evolucionado hacia un "sobrediagnóstico". Por eso, algunos consejos son:

- Un niño/a distraído o inquieto no tiene por qué tener TDAH.

- Un diagnóstico debe estar bien hecho, no vale solo con una prueba.

- Un diagnóstico de TDAH no puede verse claro desde el principio ni a simple vista, ni tampoco es lógico poner remedios muy fácilmente ni con mucha rapidez.

En caso de tener dudas, es importante pedir varias opiniones a profesionales de diferentes perfiles (psicólogos/as, pedagogos/as, neurólogos/as, pediatras...). También lo es tener en cuenta estos diferentes perfiles y no centrarse únicamente en una opinión ni en un perfil profesional para tratarlo.

1. COMPRENSIÓN DEL TDAH:

Es fundamental que madres, padres y familiares comprendan los síntomas, las características y los desafíos del TDAH. Esto les permitirá brindar apoyo adecuado y crear un entorno hogareño que fomente el éxito del niño/a.

2. ESTRUCTURA Y RUTINA:

Implementar una rutina diaria predecible puede ayudar a los niños/as con TDAH a mantenerse organizados/as y enfocados/as. Esto incluye establecer horarios regulares para despertarse, acostarse, comer, hacer tareas y realizar actividades extracurriculares.

3. COMUNICACIÓN CLARA Y POSITIVA:

La comunicación abierta y honesta en el núcleo familiar, es esencial para manejar el TDAH. Es importante escuchar las necesidades y preocupaciones de los niños/as y adolescentes y establecer expectativas claras y consistentes.

4. REFUERZO POSITIVO:

Enfocarse en los logros y comportamientos positivos del niño/a puede ayudar a aumentar su autoestima y motivación. El uso de recompensas y elogios específicos puede reforzar los comportamientos deseados.

5. ESTRATEGIAS DE ORGANIZACIÓN:

Enseñar al niño/a estrategias de organización, como usar agendas, calendarios y listas de tareas pendientes, puede ayudarlo a manejar su tiempo y responsabilidades de manera efectiva.

6. LIMITAR LAS DISTRACCIONES:

Minimizar las distracciones en el hogar, como la televisión, los dispositivos electrónicos y el ruido excesivo, puede ayudar al niño/a a concentrarse en las tareas y actividades.

7. MANTENER UNA DIETA SALUDABLE Y UN HORARIO DE SUEÑO REGULAR:

Una dieta equilibrada y un horario de sueño adecuado son esenciales para el bienestar físico y mental del niño/a, lo que puede contribuir a mejorar los síntomas del TDAH.

8. BUSCAR APOYO PROFESIONAL:

Si las familias padres necesitan ayuda para manejar el TDAH de su hijo/a es importante buscar apoyo de profesionales de la psicología, psiquiatría o especialistas en el trastorno.

TÉCNICAS Y HABILIDADES NECESARIAS PARA DOCENTES:

CONOCIMIENTO DEL TDAH:

Los docentes deben tener un conocimiento profundo sobre el TDAH, sus síntomas, características y estrategias de intervención efectivas.

ADAPTACIONES CURRICULARES:

Es posible que los docentes necesiten adaptar los planes de estudio y las tareas para satisfacer las necesidades individuales de los estudiantes con TDAH. Esto puede incluir: dividir las tareas en pasos más pequeños, proporcionar instrucciones claras y concisas y ofrecer oportunidades frecuentes para el movimiento físico.

ESTRUCTURAR EL AULA:

El aula debe estar organizada de manera que minimice las distracciones y fomente la concentración. Esto incluye: mantener un espacio ordenado, establecer reglas claras y consistentes, y utilizar señales visuales y auditivas para recordar a los estudiantes las instrucciones.

COMUNICACIÓN CON LOS PADRES:

Es fundamental que el personal docente mantenga una comunicación abierta y regular con las familias sobre el progreso del niño/en la escuela. Esto permite trabajar en conjunto para abordar los desafíos del TDAH y garantizar el éxito del estudiante.

ESTRATEGIAS DE ENSEÑANZA EFECTIVAS:

Los docentes deben utilizar estrategias de enseñanza que sean dinámicas, atractivas y multisensoriales para captar la atención de los estudiantes con TDAH. Esto puede incluir el uso de actividades prácticas, juegos educativos y tecnología.

FOMENTAR LA AUTOESTIMA Y LA MOTIVACIÓN:

Es importante crear un ambiente positivo y de apoyo en el aula que fomente la autoestima y la motivación de los estudiantes con TDAH. El docente debe reconocer sus logros, brindar aliento y ofrecer oportunidades para que participen activamente en la clase.

IMPLEMENTACIÓN DE PLANES DE INTERVENCIÓN INDIVIDUALIZADOS (PII):

Los docentes deben trabajar en conjunto con los padres, psicólogos y otros profesionales de la salud mental para desarrollar planes de intervención individualizados (PII) para cada estudiante con TDAH. Estos planes deben incluir estrategias específicas para abordar las necesidades y desafíos del estudiante.

COLABORACIÓN CON OTROS PROFESIONALES:

Es importante que los docentes colaboren con otros profesionales de la escuela, como pedagogos/as, psicólogos/as, orientadores/as y trabajadores/as sociales, para brindar un apoyo integral a los estudiantes con TDAH.

En resumen, educar a personas con TDAH requiere un esfuerzo conjunto de familias, docentes y profesionales de la salud mental. Al comprender el trastorno, implementar estrategias efectivas y brindar un ambiente positivo y de apoyo, se puede ayudar a los estudiantes con TDAH a alcanzar su máximo potencial y lograr el éxito en la escuela y en la vida.

PAUTAS, ACTIVIDADES Y SUGERENCIAS:

ATRÉVETE A ENCONTRARLO

OBJETIVOS:

- **Desarrollar la atención selectiva:** Concentrarse en un elemento específico dentro de un conjunto desordenado.

- **Mejorar la discriminación visual:** Distinguir entre objetos de similar tamaño y forma.

- **Fomentar la observación detallada:** Apreciar las pequeñas diferencias entre los elementos.

- **Reforzar la capacidad de conteo:** Practicar la numeración y la correspondencia uno a uno.

PRESENTACIÓN:

Explica a los participantes que se convertirán en investigadores, que su misión será encontrar objetos específicos escondidos entre muchos otros.

INSTRUCCIONES CLARAS:

Indica el objeto que deben buscar (por ejemplo: "Busca todos los elementos redondos de color rojo").

TIEMPO LIMITADO:

Establece un tiempo determinado para la búsqueda, para mantener la atención y generar un poco de emoción.

CONTEO:

Una vez finalizado el tiempo, pide a los participantes que cuenten los objetos encontrados y anoten el resultado.

Preguntas para el conteo:

- ¿Cuántos [objetos] rojos encontraste?

- ¿Cuántos [objetos] más grandes que una moneda de 1 euro hay?

- ¿Cuántos [objetos] tienen forma de [forma]?

- ¿Cuántos [objetos] están cerca de la esquina superior izquierda?

VARIACIONES:

. . . .

DIFICULTAD CRECIENTE:

Aumenta el número de elementos, disminuye el tamaño de las diferencias entre ellos o introduce distractores.

TRABAJO EN EQUIPO:

Divide a los participantes en grupos y compiten para ver quién encuentra más objetos.

CATEGORIZACIÓN:

En lugar de buscar un objeto específico, pide que clasifiquen los elementos según diferentes criterios (color, forma, tamaño).

Adaptación:

EDAD:

Ajusta la dificultad de la tarea en función de la edad y las habilidades de los participantes. Para niños/as más pequeños, utiliza menos elementos y diferencias más marcadas.

CONTEXTO:

Puedes adaptar la actividad a diferentes temas (animales, frutas, vehículos) para hacerla más atractiva.

Esta actividad es versátil y se puede adaptar a diferentes edades y contextos. ¡La clave está en hacerla divertida y desafiante para mantener la atención de los participantes!

MI CÍRCULO DE CONTROL

OBJETIVOS GENERALES:

- Visualizar y comprender qué aspectos de su vida pueden ser controlados y cuáles no, fomentando la aceptación y la calma.

- Reducir los niveles de estrés y ansiedad al identificar y clasificar los factores estresantes.

- Desarrollar habilidades de gestión emocional y autoconciencia.

OBJETIVOS ESPECÍFICOS:

- Identificar las situaciones o factores que generan mayor estrés o ansiedad.

- Categorizar estos factores en aquellos que pueden ser controlados y aquellos que no.

- Promover una sensación de control y empoderamiento al enfocarse en lo que se puede cambiar.

- Fomentar la aceptación de lo que está fuera de nuestro control.

- Materiales: hojas de papel, lápices de colores o marcadores, borrador.

PROCESO:

I. INTRODUCCIÓN:

Explicar a los participantes que todos experimentamos estrés y ansiedad en algún momento y que es normal.

Introducir el concepto de "círculo de control" como una herramienta útil para gestionar estos sentimientos.

2. DIBUJAR EL CÍRCULO:

Invitar a los participantes a dibujar un círculo grande en el centro de su hoja.

3. LISTA DE FACTORES ESTRESANTES:

Pedirles que hagan una lista de todas las situaciones, personas o cosas que les generan estrés o ansiedad en su vida diaria.

Animarles a ser lo más específicos posible y a no censurarse.

4. CLASIFICACIÓN DENTRO DEL CÍRCULO:

Explicar que todo lo que escribieron debe ser colocado dentro o fuera del círculo.

Dentro del círculo: Escribirán aquellos factores que pueden controlar o cambiar directamente (por ejemplo, su actitud ante una situación, sus hábitos de estudio, etc.).

Fuera del círculo: Escribirán aquellos factores que están fuera de su control (por ejemplo, el clima, el tráfico, las acciones de otras personas, etc.).

5. REFLEXIÓN:

Facilitar un tiempo para que cada participante observe su círculo y reflexione sobre lo siguiente:

- ¿Qué sentimientos les produce ver los elementos dentro y fuera del círculo?

- ¿Qué pueden hacer para modificar los factores que están dentro de su control?

- ¿Cómo pueden aceptar y manejar los factores que están fuera de su control?

6. CIERRE:

Reforzar la idea de que, al enfocarnos en lo que podemos controlar, podemos reducir nuestra sensación de estrés y ansiedad.

Animar a los participantes a utilizar esta técnica regularmente como una herramienta para gestionar sus emociones.

CONSIDERACIONES PARA PERSONAS CON TDAH

. . . .

INSTRUCCIONES CLARAS Y CONCISAS:
Usar un lenguaje sencillo y evitar distracciones visuales.

ACTIVIDADES CORTAS Y ESTRUCTURADAS:
Dividir la actividad en pasos pequeños y proporcionar tiempos límite para cada tarea.

USO DE COLORES Y VISUALIZACIONES:

Utilizar colores llamativos y hacer dibujos sencillos para facilitar la comprensión.

REFORZAMIENTO POSITIVO:
Felicitar a los participantes por su esfuerzo y logros.

ADAPTACIÓN:

. . . .

Si es necesario, simplificar la actividad o proporcionar más apoyo individual.

IMPORTANTE:

Esta dinámica puede ser adaptada para diferentes edades y niveles de desarrollo. Es recomendable realizarla en un ambiente tranquilo y seguro, donde los participantes se sientan cómodos para expresar sus sentimientos.

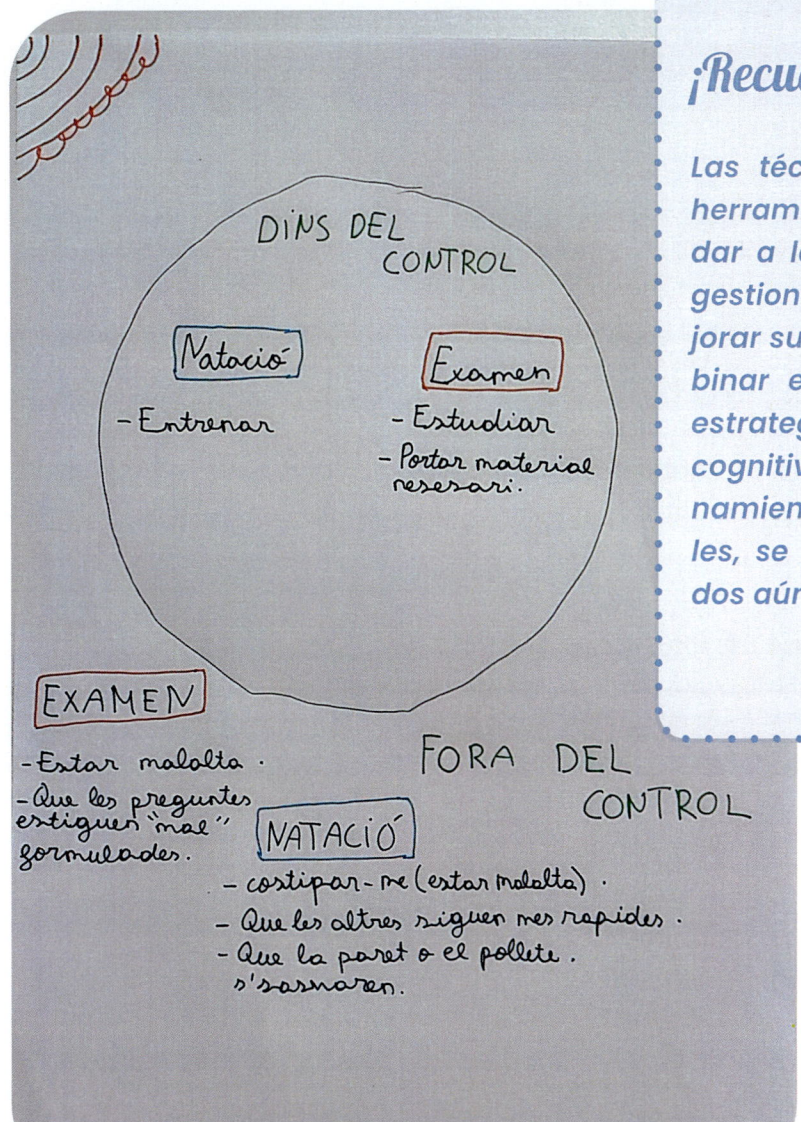

DINS DEL CONTROL

Natació
- Entrenar

Examen
- Estudiar
- Portar material resesari.

EXAMEN
- Estar malalta.
- Que les preguntes estiguen "mal" formulades.

FORA DEL CONTROL

NATACIÓ
- costipar-me (estar malalta).
- Que les altres siguen mes rapides.
- Que la paret o el pollete s'sasnaren.

AUTOMATIZANDO EL DÍA A DÍA: UNA HERRAMIENTA CLAVE PARA PERSONAS CON TDAH

¿QUÉ ES LA AUTOMATIZACIÓN DE PROCESOS?

En esencia, automatizar un proceso significa convertir una tarea repetitiva en una acción que se realiza de manera automática o con una mínima intervención humana.

Esto se puede lograr mediante herramientas digitales y rutinas establecidas.

¿POR QUÉ ES IMPORTANTE LA AUTOMATIZACIÓN PARA PERSONAS CON TDAH?

El TDAH se caracteriza por dificultades en la atención, la hiperactividad y la impulsividad. Estas características pueden hacer que las tareas diarias se sientan abrumadoras y difíciles de gestionar. La automatización ofrece varios beneficios:

REDUCCIÓN DE LA CARGA COGNITIVA:

Al automatizar tareas rutinarias, se libera espacio mental para enfocarse en tareas más complejas o creativas.

MAYOR ORGANIZACIÓN:

Las rutinas y los sistemas automatizados ayudan a establecer un orden y una estructura en el día a día, lo que reduce la sensación de caos.

AUMENTO DE LA PRODUCTIVIDAD:

Al eliminar distracciones y simplificar procesos, se puede ser más eficiente y productivo.

MENOR ESTRÉS:

La sensación de tener todo bajo control y de cumplir con las tareas reduce el estrés y la ansiedad.

OBJETIVOS QUE SE CUMPLEN CON LA AUTOMATIZACIÓN:

- Establecer rutinas: Crear hábitos diarios que faciliten la transición entre actividades y reduzcan la procrastinación.

- Organizar el espacio: Mantener un entorno ordenado y libre de distracciones facilita la concentración y la realización de tareas.

- Gestionar el tiempo: Utilizar herramientas de planificación y recordatorios para optimizar el uso del tiempo y cumplir con los plazos.

- Simplificar decisiones: Automatizar ciertas decisiones diarias, como qué ropa ponerse o qué desayunar, reduce la fatiga decisional.

- Utilidad de las listas con las acciones diarias:

- Las listas son una herramienta fundamental para la automatización de procesos. Al escribir todas las tareas pendientes, se obtiene una visión clara de lo que hay que hacer y se facilita la priorización. Además, tachar las tareas completadas proporciona una gran sensación de logro y motivación.

RUTINA DE MAÑANA
1 DESPERTARSE
2 VESTIRSE
3 DESAYUNAR
4 LAVARSE LA CARA Y LOS DIENTES
5 HACER LA CAMA Y RECOGER
6 COGER LA MOCHILA
7 SALIR DE CASA
RSC. PEDAGOGA
PEDAGOPLAN
@pedagoplan

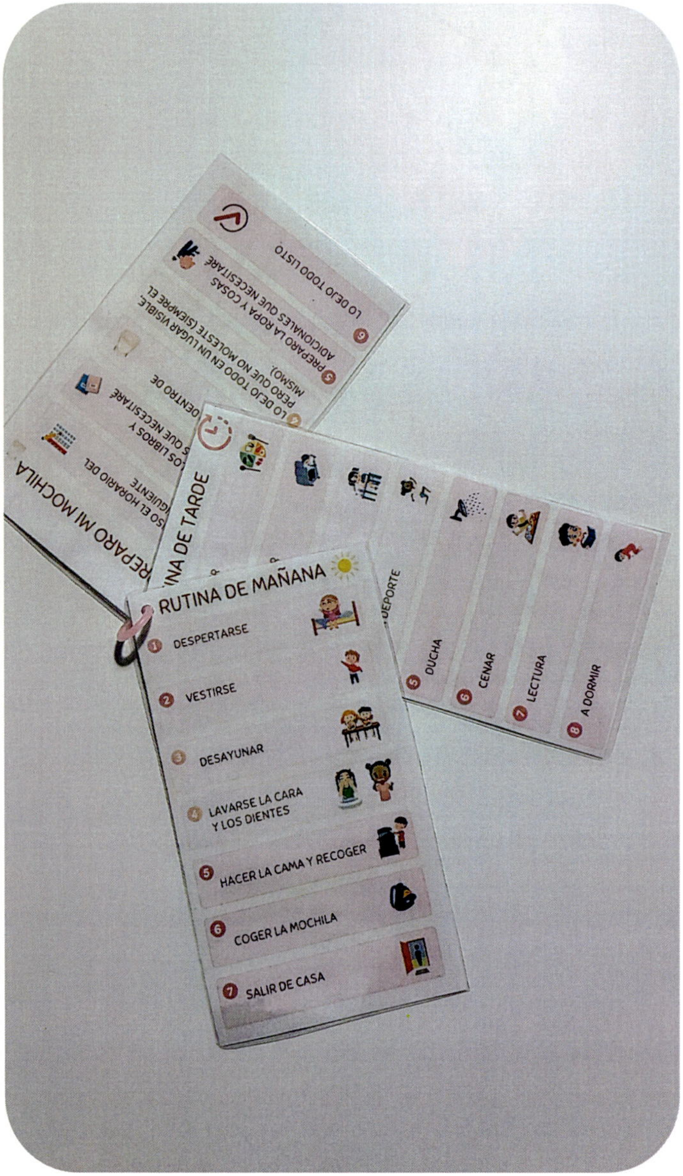
RUTINA DE MAÑANA
1 DESPERTARSE
2 VESTIRSE
3 DESAYUNAR
4 LAVARSE LA CARA Y LOS DIENTES
5 HACER LA CAMA Y RECOGER
6 COGER LA MOCHILA
7 SALIR DE CASA
DEPORTE
5 DUCHA
6 CENAR
7 LECTURA
8 A DORMIR
6 LO DEJO TODO LISTO

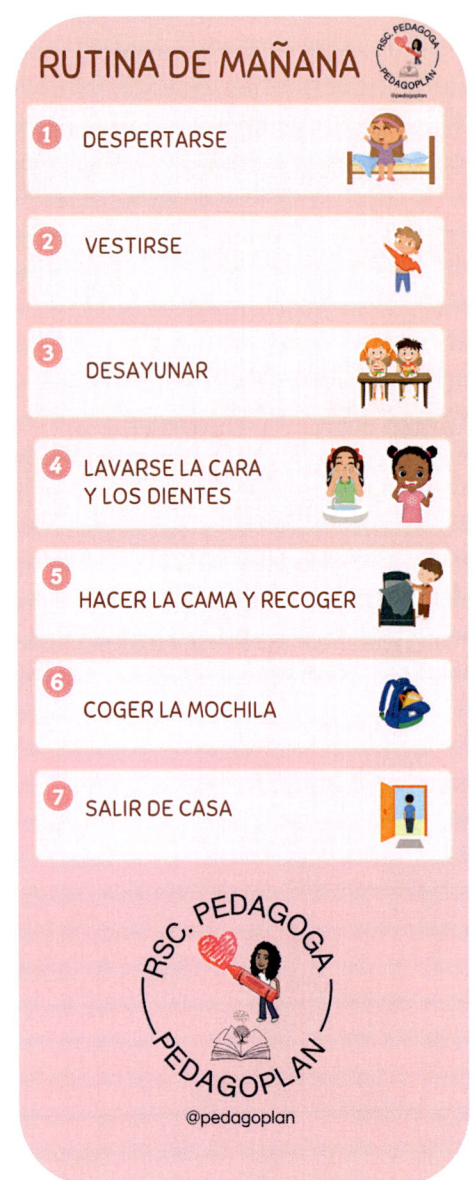

HAGO ESQUEMAS

1. LEO DESPACIO TODA LA INFORMACIÓN

2. PIENSO SI LO HE ENTENDIDO BIEN Y SI TENGO DUDAS

3. ESCRIBO DE QUE TRATA CADA PUNTO

4. SUBRAYO LAS IDEAS PRINCIPALES DE CADA APARTADO

5. ORGANIZO Y COLOCO LAS IDEAS EN EL ESQUEMA

6. REVISO EL RESULTADO

7. SI ES NECESARIO MODIFICO ALGUNA COSA

8. HE TERMINADO

ESCRIBIMOS HISTORIAS

Lanzamos dos dados o un dado dos veces, miramos qué nos ha tocado en cada apartado y a partir de ahí escribimos nuestra historia.

OBJETIVOS DE LA ACTIVIDAD:

Cognitivos:

- **Fomentar la creatividad:** Estimular la imaginación y la capacidad de generar ideas originales a partir de elementos aleatorios.

- **Desarrollar la capacidad de planificación:** Organizar las ideas y construir una historia coherente a partir de elementos dispares.

- **Mejorar la comprensión lectora y escrita:** Utilizar el lenguaje de manera efectiva para expresar ideas y emociones.

- **Ampliar el vocabulario:** Incorporar nuevas palabras relacionadas con personajes, lugares, acciones y emociones.

- **Fortalecer la atención:** Mantener la concentración en una tarea durante un periodo de tiempo determinado.

Socioemocionales:

- **Fomentar la expresión de emociones:** Identificar y expresar diferentes emociones a través de los personajes de la historia.

- **Desarrollar la empatía:** Ponerse en el lugar de otros personajes y comprender sus sentimientos.

- **Mejorar la comunicación oral y escrita:** Expresar ideas de forma clara y coherente.

- **Aumentar la autoestima:** Celebrar los logros individuales y fomentar la confianza en las propias capacidades.

- **Fomentar el trabajo en equipo:** Colaborar con otros compañeros para construir historias conjuntas.

ADAPTACIONES PARA ESTUDIANTES CON TDAH:

MATERIALES VISUALES:
Utilizar imágenes o dibujos para representar los conceptos de los dados (personajes, lugares, acciones, emociones).

INSTRUCCIONES CLARAS Y CONCISAS:
Explicar las reglas del juego de forma sencilla y directa.

TIEMPO LIMITADO:
Establecer un tiempo máximo para cada ronda para mantener la atención.

REFUERZOS POSITIVOS:
Celebrar los logros de los estudiantes y ofrecer feedback constructivo.

FLEXIBILIDAD:
Adaptar las reglas del juego según las necesidades individuales de cada estudiante.

CARPETA DE ORGANIZACIÓN

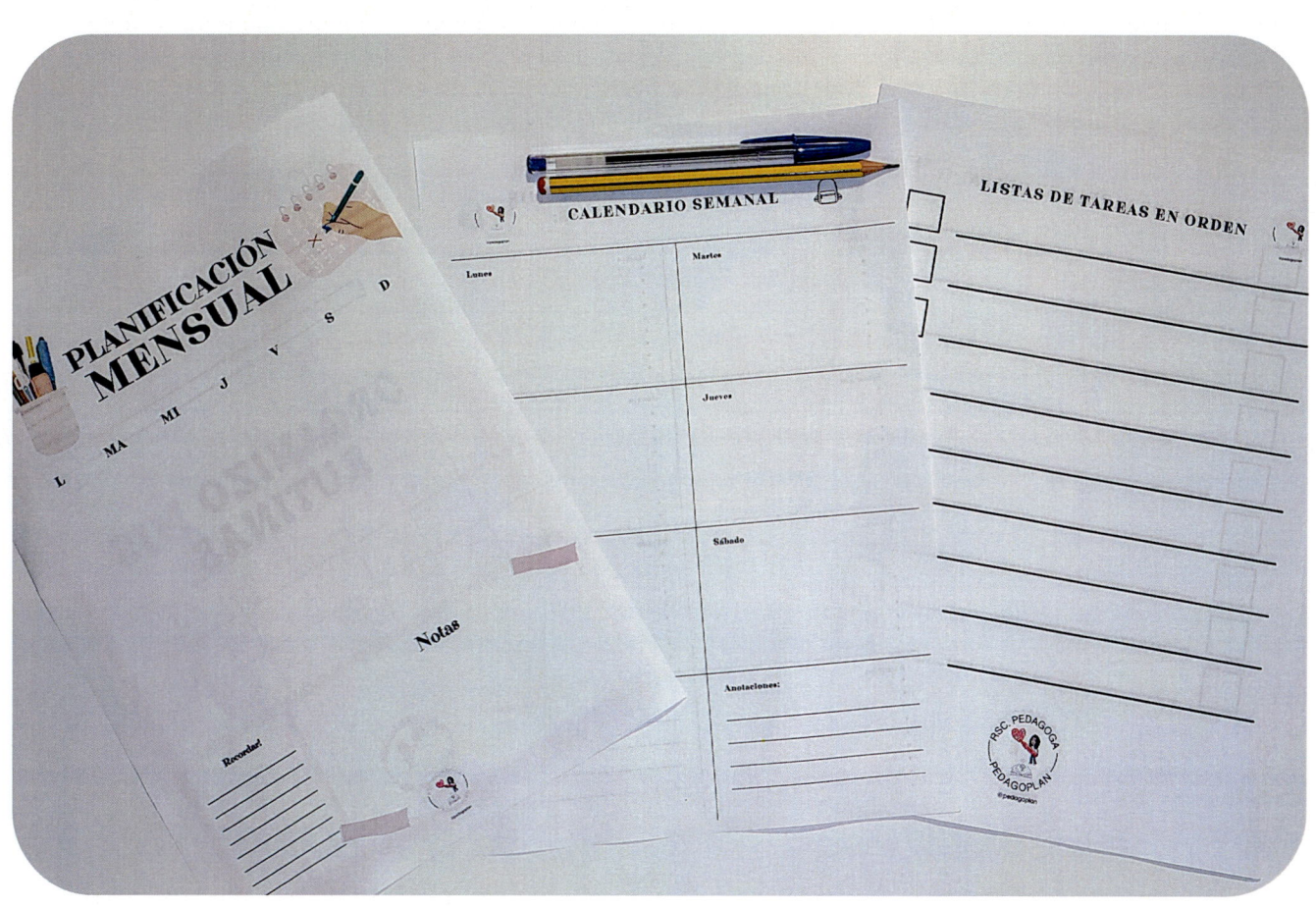

¿QUÉ ES EL TEA?

Las personas en Condición del Espectro Autista (CEA) o con diagnóstico de Trastorno del Espectro Autista (TEA, nombre que recibe acorde con el manual de Diagnóstico Estadístico DSM V) presentan unas características y una condición vital diferente.

Antes de entrar en materia, vamos a hablar de las diferencias. Por ejemplo, los y las niñas y jóvenes son personas muy diferentes entre sí. Algunas son altas, otras bajas, unas son ágiles, otras son buenas con las matemáticas, otras con la danza, otras con el deporte... **Las personas, como los animales, también formamos parte de la biodiversidad, es decir, dentro de las personas hay muchas diferencias en todos los ámbitos y en el del procesamiento cognitivo en especial.**

Esto hace referencia al concepto de neurodiversidad. A priori, las personas nos podemos diferenciar en la altura, el color del pelo, el color de los ojos... En nuestra personalidad, algunas características tienen una base genética, es decir, tienen la influencia del contexto en el que una persona se desarrolla, de la familia, de la educación que recibe una persona y también influyen las experiencias personales.

¡LA NEURODIVERSIDAD NOS HACE MÁS INTERESANTES!

Imagina que cada mente es como un universo diferente, lleno de ideas, pensamientos y formas de ver el mundo únicas. ¡Esa es la neurodiversidad!

Las personas somos como copos de nieve, todos diferentes, con cerebros que funcionan de forma distinta. Algunos son rápidos como un rayo, otros más reflexivos, algunos son artistas natos y otros maestros de los números.

Esa diversidad es lo que nos hace especiales y nos permite crear cosas increibles.

Es como si cada persona tuviese un superpoder mental diferente.

¡Debemos, **a partir de esa diferencia, crear cosas nuevas y potenciar el aprendizaje** y así defender la neurodiversidad!

Porque un mundo lleno de mentes diversas es un mundo mucho más rico, interesante y lleno de posibilidades.

Entender los desafíos de desarrollo como diferencias en la manera en que el cerebro funciona no significa ignorar las dificultades que pueden surgir. Pero nos ayuda a ver que, junto a esos desafíos, también vienen habilidades y talentos únicos. Estos aspectos pueden ser muy útiles para enfocar la intervención o la reeducación pedagógica, ya que entender qué pasa es tener el poder sobre las dificultades.

El TEA o CEA

Los primeros síntomas aparecen entre el año y los tres años, pero puede diagnosticarse en cualquier momento de la vida, incluso en la etapa adulta.

Las descripciones que realizan los especialistas intentan agrupar síntomas similares en conjuntos llamados "diagnósticos". Sin embargo, estos solo describen lo que tienen en común, sin mencionar la variabilidad de otras características o la intensidad con la que aparecen.

ALGUNOS DESAFÍOS QUE PUEDE PRESENTAR EL ALUMNADO CON DIAGNÓSTICO DE ESPECTRO AUTISTA:

ÁREA DE LA COMUNICACIÓN:

Pueden presentar ausencia de lenguaje verbal, poca fluidez en el lenguaje oral, poseer un amplio lenguaje, pero tener dificultades para utilizarlo de modo flexible.

Les cuesta utilizar metáforas, entender los chistes o utilizar palabras coloquiales, puede ser que utilicen menos gestos que el resto de niñas y niños/as y están menos atentos a nuestros gestos también.

En algunos casos, tienen dificultades en el lenguaje "receptivo" (cuando es quien recibe la información), pueden presentar dificultades para entender instrucciones, comprender algunos textos y entender el lenguaje corporal o no verbal.

En cuanto al lenguaje "expresivo" (cuando es quien expresa la información), presentan dificultades para mantener la conversación o falta de lenguaje y/o vocabulario.

ÁREA DE LA SOCIALIZACIÓN:

La interacción con los compañeros/as puede que les resulte difícil. En algunos casos no comprenden las reglas que no están especificadas, como, por ejemplo, las reglas del patio o cómo saludar. En ocasiones puede que interrumpan cuando alguien habla (en el aula a la maestra o maestro) porque no entienden la regla de "respetar los turnos" o hablan repetidamente de un tema que les interesa, aunque no sea el momento para contarlo.

En ocasiones prefieren permanecer solos en el recreo o no salir al patio o jugar a algo que los demás pueden percibir como repetitivo. Pero esto no significa que no tengan interés en tener amigos/as o compartir juegos, en ocasiones no saben cómo hacerlo y tienen dificultades para interactuar.

ÁREA DE ADAPTACIÓN A LOS CAMBIOS:

Pueden presentar dificultades en momentos de cambio.

Por ejemplo, al cambiar de una actividad a otra, al principio y al final de las clases, cuando se hace una pausa, cuando cambian de aula, si se cambia algo de la rutina diaria o habitual, si un día falta un maestro/a porque no ha podido asistir al centro, si van de excursión...

ÁREA DEL PROCESAMIENTO SENSORIAL:

Muchas personas con esta condición tienen una manera única de entender la información que reciben a través de sus sentidos. Algunos pueden sentir los sonidos, luces, olores o el tacto de una manera más intensa que otras personas. Por ejemplo, pueden sentirse molestos con luces brillantes o ruidos fuertes, como el timbre de la escuela o el bullicio en el aula, que para ellos puede ser como estar en un concierto.

Por otro lado, hay quienes perciben menos estímulos sensoriales, por lo que necesitan moverse más o tener algo en la boca o en las manos para sentirse cómodos. Dependiendo de cómo reaccionen a estos estímulos, sabremos qué les molesta y qué les ayuda. Aquí, cada persona tiene sus propias preferencias.

Es importante tener en cuenta estas diferencias para adaptar algunas cosas simples en el aula. Por ejemplo, si alguien tiene un clavo en el zapato o un dolor de cabeza intenso, no podrá prestar atención en clase, ¿verdad? Lo mismo puede ocurrir con estas personas.

ÁREA DE LAS HABILIDADES DE PLANIFICACIÓN:

La planificación es un desafío importante; la capacidad de planificar, organizar, establecer prioridades y la gestión del tiempo pueden ser un factor clave para el bienestar de las personas con la condición de espectro autista.

En ocasiones es necesario el uso de apoyos visuales como listas de tareas, listas donde marcar aquello que ha finalizado, uso de temporizadores o agendas visuales.

Utilizar estas herramientas es muy eficaz para autogestionar las tareas y sirven a modo de reloj, para dotarles de autonomía.

ÁREAS DE LA TEORÍA DE LA MENTE:

Esta es una capacidad que se caracteriza por la habilidad para ponerse en la perspectiva de las otras personas, pensar qué piensa el/la otro/a. Esto ayuda a entender que la otra persona no tiene por qué pensar o sentir lo mismo que uno/a mismo/a. Esta habilidad la utilizamos todas las personas para intentar interpretar a los/as demás y ajustar las conductas. Las personas dentro del espectro autista suelen tener dificultades para cambiar su perspectiva y ponerse en el lugar del otro/a, entonces realizan lecturas incorrectas sobre las perspectivas y pensamientos de las otras personas.

Por ejemplo, pueden pensar que a su compañero/a le resulta igual de interesante la geografía que a él/ella y no parar de hablar de ese tema sin pensar que el otro interlocutor puede estar aburriéndose.

ÁREA DEL RECONOCIMIENTO DE RELACIONES:

En esta área, se hace referencia a la coherencia. En algunas ocasiones, los/as alumnos/as con CEA tienen tendencia a centrarse en un detalle más que en la situación en general o la totalidad de la imagen. Los detalles en los que se centran muchas veces no son significativos para comprender lo que se está explicando. Por ejemplo, la profesora explica la fascinante cultura azteca y un alumno con Trastorno del Espectro Autista (TEA) se da cuenta de que las imágenes de los códices no son fotografías reales, sino representaciones simbólicas y desconecta de la explicación porque se centra en averiguar y pensar sobre este hecho.

ÁREA DE LAS HABILIDADES MOTORAS:

Las personas con condición de espectro autista pueden tener dificultades en la coordinación motora, presentar una falta de habilidades para deportes en equipo y tal vez tener dificultades en la caligrafía, ser lentos/as en las tareas, meticulosos/as, detallistas...

ÁREA DE LA ATENCIÓN:

Algunas de las personas con CEA también son diagnosticadas de trastorno por déficit de atención (TDA); en otros casos, aunque no se diagnostique, tienen dificultades para prestar atención a cosas que no tienen relación con sus temas de interés.

También pueden presentar desafíos sensoriales y estar en búsqueda de estímulos. Esto significa que, para mantenerse alerta, necesitan hallar de manera constante estímulos nuevos y no les permite mantener una atención sostenida y, por eso, tienen una atención más espontánea.

Algunas características y señales y su manifestación en el entorno educativo:

DIFICULTADES RELACIONADAS CON LA INTERACCIÓN SOCIAL:

Apenas utilizan conductas no verbales como la mirada o la postura corporal para la regulación de la interacción social.

- Dificultades para el desarrollo de relaciones con compañeros/as.

- Limitaciones para mostrar y compartir intereses de manera espontánea.

- Les resulta complicado expresar o compartir emociones.

Esto desemboca en: más dificultad para formar relaciones recíprocas y entablar amistades, dificultades en percibir detalles no verbales y emocionales, les cuesta percibir los detalles sociales, sobre todo, en las actividades grupales. Sus respuestas emocionales son impredecibles, pueden mostrar ansiedad, rabietas... sin motivo aparente. Muestran poco interés en juegos y actividades propios de su edad.

DIFICULTADES CUALITATIVAS EN COMUNICACIÓN Y LENGUAJE:

- Retraso en el desarrollo del lenguaje sin presentar estrategias para compensar sus dificultades en la comunicación e interacción social.

- Muestran dificultades para iniciar y mantener una conversación.

- Su lenguaje es repetitivo y estereotipado.

- En su lenguaje se muestran muchas ecolalias.

- Utilizan la inversión pronominal, se refieren a sí mismos/as en tercera persona, utilizando pronombres como él, ella, usted o incluso el propio nombre, en lugar de los pronombres de primera persona yo, mí o me.

- Su juego imaginativo e imitativo es muy limitado.

- Su lenguaje suele ser pedante, poco coloquial, sofisticado, formal...

- Suelen mostrar dificultades para comprender metáforas, detectar dobles sentidos o mentiras...

Estas conductas se muestran al presentar dificultades para comprender instrucciones que se dan mediante lenguaje oral. A menudo no responden cuando se les habla, presentan una escasa comprensión del texto escrito, incluso cuando la decodificación textual es buena. Suelen jugar en solitario o en paralelo en vez de jugar en grupo. Tienen dificultad para respetar turnos.

REPERTORIO DE INTERESES, ACTIVIDADES Y COMPORTAMIENTOS LIMITADOS:

- Se concentran en exceso en temas específicos.

- Necesidad de seguir las rutinas con rigidez.

- Realización de movimientos motores repetitivos y estereotipados (giros sobre sí mismos/as, balanceo, caminar de puntillas, aleteo...).

- Se preocupan por partes del objeto por separado y no por el objeto en su totalidad.

Tienen preferencia por una o pocas actividades. Presentan dificultades con las transiciones o modificaciones en las rutinas y rituales del día a día y también en el paso de una actividad a otra. Tienen gran dificultad para mantener la atención sin una estructura externa o un apoyo.

Tienen problemas para planificar, anticipar o programar el propio comportamiento.

No diferencian bien entre la realidad y la ficción. Retraso o ausencia en la aparición del juego simbólico funcional.

- Algunos estímulos determinados como las luces, colores, sonidos, patrones, olores, tacto... Pueden causarles malestar.

- Tienen una conducta de búsqueda constante de estimulación sensorial.

Cierran los ojos o se tapan los oídos ante algunos estímulos; si un estímulo les causa malestar, se retiran del lugar donde este se encuentra. Necesita estar con una persona o cosa a la vez. Sienten fascinación por observar, oler, chupar objetos...

A MODO DE SÍNTESIS...

Algunas señales de alerta del Trastorno del Espectro Autista (TEA) o de la Condición del Espectro Autista (CEA).

- **DIFICULTAD PARA MANTENER EL CONTACTO VISUAL:** Evitan o tienen un contacto visual reducido con otras personas.

- **RETRASO O AUSENCIA DEL LENGUAJE HABLADO:** No balbucean, no hablan a tiempo o no hablan con fluidez.

- **DIFICULTAD PARA COMPRENDER Y USAR EL LENGUAJE:** No entienden preguntas o instrucciones sencillas, tienen un vocabulario limitado o repiten frases de manera automática.

- **DIFICULTAD PARA INICIAR O MANTENER CONVERSACIONES:** No muestran interés en iniciar o mantener conversaciones, no responden a preguntas o lo hacen de manera inapropiada.

- **DIFICULTAD PARA COMPRENDER Y RESPONDER A LAS EMOCIONES DE LOS DEMÁS:** No reconocen ni responden a las emociones de otras personas, no expresan sus propias emociones de manera adecuada.

- **PREFERENCIAS POR LA SOLEDAD:** Prefieren jugar o estar solos en lugar de con otras personas, no muestran interés en hacer amigos o participar en actividades grupales.

- **DIFICULTAD PARA COMPRENDER LAS REGLAS SOCIALES:** No entienden las normas sociales o las expectativas de comportamiento, tienen dificultades para seguir instrucciones o turnos en los juegos.

La educación de personas con Trastorno del Espectro Autista (TEA) o Condición del Espectro Autista (CEA) requiere un enfoque personalizado y comprensivo que considere las necesidades únicas de cada individuo. Empezando por establecer unas rutinas diarias claras adaptadas a las necesidades educativas y a los gustos y preferencias de cada persona. Un factor muy importante es la personalización para estructurar el día a día de una persona con condición del espectro autista o trastorno del espectro autista. A pesar de que estas personas comparten algunos rasgos y pautas similares, es importante destacar que cada persona es única y tiene unos gustos y preferencias, unos temas de interés que se deben tener en cuenta. Recordemos que queremos que estas personas aprendan, se integren y, sobre todo, tengan una vida plena y feliz y para eso es necesario introducir en sus rutinas actividades que les gusten y realicen por placer y no por obligación.

Es importante recordar que cada persona con TEA es única y tiene sus propias fortalezas, necesidades y estilo de aprendizaje.

PAUTAS Y SUGERENCIAS:

Estructurar el ambiente adaptado a la persona, tanto en los entornos educativos como en casa. Un uso de mobiliario, sonidos e imágenes específicas, que se usan en casa o en la escuela, puede contribuir a provocar una sensación de seguridad y tranquilidad. Una vez el niño/a se encuentre cómodo/a en este orden, será positivo realizar algunos cambios poco a poco para desarrollar su capacidad para adaptarse a lo novedoso.

Las estrategias visuales son necesarias para la anticipación, anticipar las actividades diarias, pero, sobre todo, anticipar eventos inusuales en su vida diaria es muy importante. Si no se hace, se corre el riesgo de que se puedan producir reacciones emocionales adversas como ansiedad y miedo ante estos cambios.

PROPUESTAS DE ACTIVIDADES:

AGENDA VISUAL

Una agenda visual es una representación gráfica de la rutina diaria o de una actividad específica. Utiliza imágenes, símbolos o pictogramas para representar cada paso o elemento de una tarea. Esto permite a los niños/as con TEA, que a menudo tienen dificultades con la comprensión verbal y la planificación, visualizar y entender mejor lo que viene a continuación.

Imagina que quieres que tu hijo se prepare para la cama. En una agenda visual, podrías usar imágenes de un cepillo de dientes, un pijama, un libro y una cama para representar cada paso del proceso.

BENEFICIOS DE LAS AGENDAS VISUALES PARA NIÑOS/AS CON TEA:

REDUCCIÓN DE LA ANSIEDAD:
Al saber qué esperar, los niños/as se sienten más seguros y tranquilos.

MAYOR INDEPENDENCIA:
Las agendas visuales ayudan a los niños/as a desarrollar habilidades de autogestión y a completar tareas de forma más autónoma.

MEJORA DE LA COMUNICACIÓN:
Facilita la comunicación entre el niño/a y sus cuidadores, ya que proporciona un lenguaje visual común.

Desarrollo de habilidades de planificación:
Ayuda a los niños/as a comprender la secuencia de las actividades y a anticipar los cambios.

Mayor flexibilidad:
Con el tiempo, los niños/as pueden aprender a adaptar sus agendas visuales a nuevas situaciones.

Fomenta la autonomía:
Al visualizar las tareas, los niños/as pueden sentirse más motivados a completarlas por sí mismos.

CÓMO CREAR UNA AGENDA VISUAL EFECTIVA:

UTILIZA IMÁGENES CLARAS Y SENCILLAS:

Elige imágenes que sean fáciles de entender para tu hijo/a.

SÉ LO MÁS CONCRETO POSIBLE:

Cada imagen debe representar una acción específica.

ORGANIZA LAS IMÁGENES EN UN ORDEN LÓGICO:

SIGUE LA SECUENCIA DE LAS ACTIVIDADES.

Personaliza la agenda: Utiliza imágenes y objetos que sean significativos para tu hijo/a.

SÉ FLEXIBLE:

Las agendas visuales pueden adaptarse a medida que cambian las necesidades de tu hijo/a.

Recuerda:

Introduce la agenda visual de forma gradual: Empieza con actividades sencillas y aumenta la complejidad con el tiempo.

CELEBRA LOS LOGROS:

REFUERZA POSITIVAMENTE EL USO DE LA AGENDA VISUAL.

Las agendas visuales son una herramienta muy versátil que puede adaptarse a diferentes edades y niveles de desarrollo. Con un poco de creatividad y paciencia, puedes crear una agenda visual que sea útil y divertida para tu hijo.

Dilluns
Dimarts
Dimecres
Dijous
Divendres

RSC PEDAGOGA
PEDAGOPLAN
@pedagoplan
12
9
3
6
RSC PEDAGOGA
PEDAGOPLAN
@pedagoplan

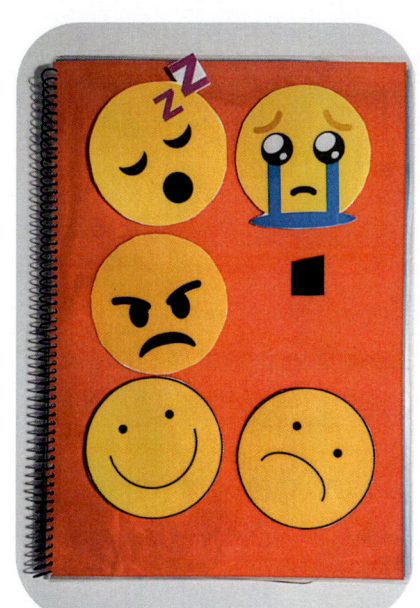

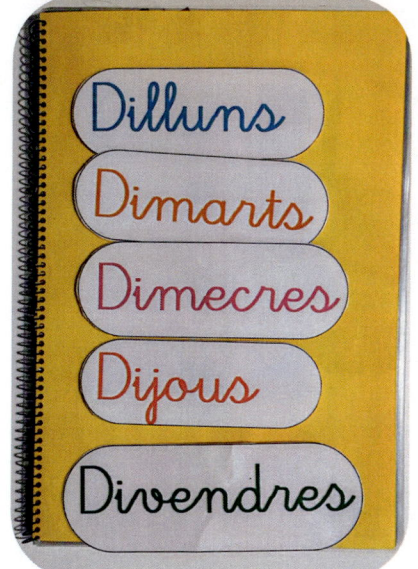

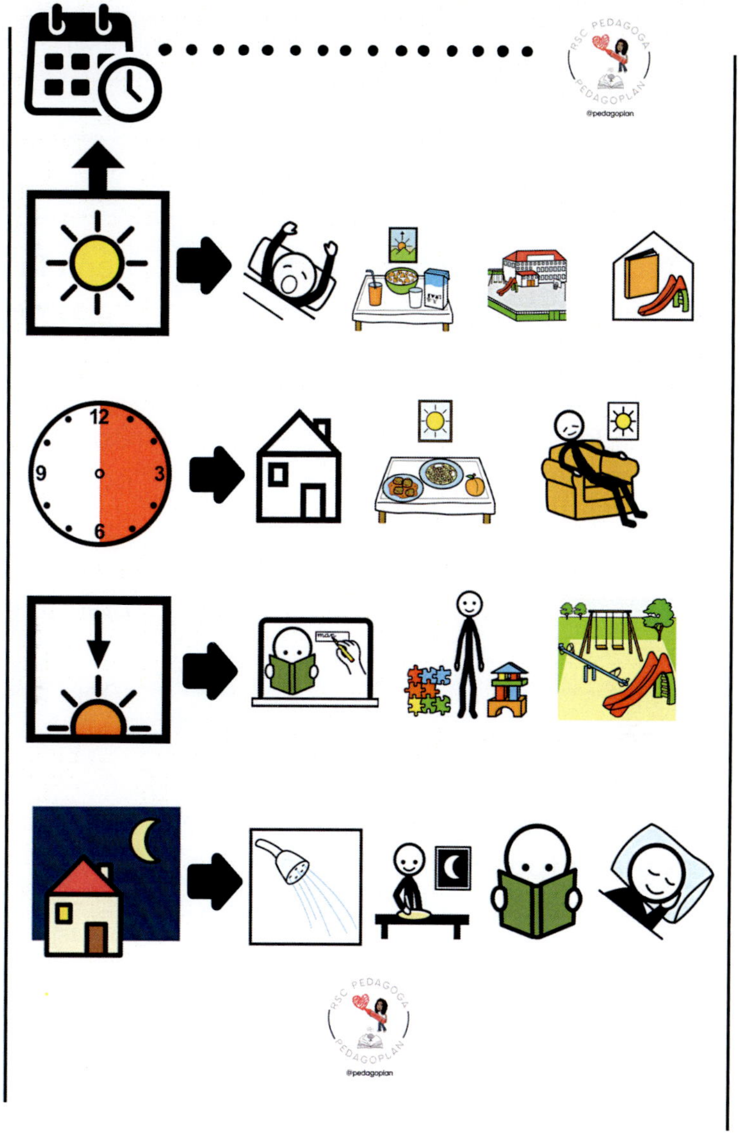

BANDEJA SENSORIAL CON TEXTURAS

OBJETIVOS:

- Estimular los sentidos del tacto y la vista.

- Fomentar la exploración y la curiosidad.

- Promover la comunicación y la interacción social.

MATERIALES:

Una caja grande de plástico, cartón, madera... materiales variados con diferentes texturas, como: bolas de algodón, arena (puede ser arena mágica), gelatina, fideos cocidos y fríos, plumas, papel de lija, pompones de lana, arroz, lentejas, plastilina, pelotas antiestrés, plástico de burbujas...

PREPARACIÓN:

Llena la caja con los diferentes materiales de textura, dividiéndolos en secciones o disponiéndolos todos juntos.

Coloca una sábana o un mantel bajo la caja para facilitar la limpieza.

Puedes poner música de fondo, ambientar el espacio con luces...

¡Deja rienda suelta a la exploración!

BENEFICIOS DE LAS BANDEJAS SENSORIALES:

. . . .

DESARROLLO SENSORIAL:
Estimulan los cinco sentidos a través de texturas, colores, sonidos y olores.

HABILIDADES MOTORAS FINAS:
Fomentan la pinza, el agarre y la coordinación mano-ojo al manipular los materiales.

CREATIVIDAD:
Invitan a la exploración libre y a la creación de juegos imaginativos.

CALMA Y CONCENTRACIÓN:
Ayudan a los niños/as a relajarse y concentrarse al explorar los materiales de forma sensorial.

APRENDIZAJE:
Permiten aprender conceptos como tamaño, forma, color y textura.

IDEAS PARA CREAR BANDEJAS SENSORIALES:

- **Agua:** Agrega agua con colorante vegetal, juguetes flotantes o pequeñas figuras.

- **Arena:** Utiliza arena cinética o arena de playa para crear formas y texturas.

- **Arroz:** Colorea el arroz con colorante vegetal y agrega pequeños objetos para esconder.

- **Espuma de afeitar:** Crea una superficie suave y esponjosa para explorar con los dedos.

- **Gel de baño:** Mezcla gel de baño con brillo para crear una experiencia visual y táctil.

- **Harina:** Utiliza harina para hacer dibujos o esconder objetos pequeños.

- **Pasta:** Cocina pasta de diferentes formas y colores y agrégala a la bandeja.

Consejos para crear bandejas sensoriales:

SEGURIDAD:
Evita materiales pequeños que puedan ser ingeridos y supervisa siempre durante el juego.

VARIEDAD:
Ofrece una variedad de materiales para mantener el interés.

ADAPTABILIDAD:
Adapta la bandeja sensorial a la edad y los intereses del niño/a.

LIMPIEZA:
Limpia la bandeja y los materiales después de cada uso.

ACTIVIDADES CON BANDEJAS SENSORIALES:

ESCONDITE:
Esconde pequeños objetos en la bandeja y pídele al niño/a que los encuentre.

CLASIFICAR:
Separa los materiales por color, tamaño o textura.

DIBUJAR:
Utiliza los dedos o pequeños juguetes para dibujar en la arena o la harina.

VERTER:
Utiliza cucharas o tazas para verter los materiales de un recipiente a otro.

¡Las posibilidades son infinitas! Las bandejas sensoriales son una herramienta muy versátil y divertida para estimular el desarrollo de los niños/as.

Recuerda realizar esta actividad siempre bajo supervisión.

LIBRO SENSORIAL.

Un libro sensorial es una herramienta que involucra diferentes texturas, colores, sonidos y elementos interactivos para estimular los sentidos de los niños/as.

Para crear un libro sensorial, puedes utilizar materiales como telas suaves, papel arrugado, botones, cintas de diferentes texturas, campanas pequeñas y otros objetos que ofrezcan una variedad de sensaciones táctiles y visuales. También puedes incluir páginas con texturas rugosas, suaves, ásperas, lisas, etc. Cada página del libro sensorial puede estar dedicada a una experiencia sensorial diferente, como la suavidad de una tela, el sonido de una campana o los colores brillantes de un arcoíris. Esta actividad no solo proporciona estimulación sensorial, sino que también puede ayudar a los niños/as con TEA a desarrollar habilidades de exploración, concentración y comunicación. Ade-

más, es importante personalizar el libro sensorial para adaptarlo a los intereses y preferencias individuales de cada niño/a, utilizando fotos y elementos de su vida diaria, lo que lo convierte en una actividad altamente inclusiva y beneficiosa para los niños/as.

BENEFICIOS ADICIONALES DE LOS LIBROS SENSORIALES

DESARROLLO COGNITIVO:
Estimulan la curiosidad, la imaginación y la resolución de problemas al interactuar con los diferentes elementos.

HABILIDADES MOTORAS:
Refuerzan la coordinación mano-ojo, la pinza y la manipulación de objetos.

LENGUAJE:
Fomentan el vocabulario al nombrar las texturas, colores y sonidos.

EMOCIONES:
Ayudan a regular las emociones a través de la exploración sensorial y la capacidad de calmarse.

CONCENTRACIÓN:
Mejoran la capacidad de atención y concentración al interactuar con los elementos del libro.

AUTONOMÍA:
Permiten a los niños/as explorar y aprender a su propio ritmo.

IDEAS CREATIVAS PARA CREAR LIBROS SENSORIALES

- **Naturaleza:** Incorpora elementos naturales como hojas, semillas, pequeñas piedras o arena para explorar diferentes texturas y olores.

- **Reciclaje:** Utiliza materiales reciclados como tapones de botella, botones viejos o retazos de tela para crear texturas y objetos interesantes.

- **Temáticas:** Crea libros sensoriales con temáticas específicas, como animales, alimentos, estaciones del año o profesiones.

- **Personalización:** Utiliza fotos familiares, objetos personales o elementos relacionados con los intereses del niño/a para hacerlo más significativo.

- **Elementos interactivos:** Incorpora elementos que se abren, cierran, encajan o giran para fomentar la exploración y la manipulación.

- **Sonidos:** Utiliza instrumentos musicales sencillos, cascabeles o campanas para crear diferentes sonidos y estimular el sentido del oído.

Consejos Prácticos para Crear Libros Sensoriales

SEGURIDAD:
Asegúrate de que todos los materiales utilizados sean seguros para los niños/as y no representen ningún riesgo de asfixia o ingestión.

DURABILIDAD:
Utiliza materiales resistentes y costuras seguras para que el libro pueda soportar el uso repetido.

VARIEDAD:
Ofrece una amplia variedad de texturas, colores y sonidos para mantener el interés del niño/a.

ADAPTABILIDAD:
Adapta el libro sensorial a las necesidades y habilidades de cada niño/a, ya sea bebé, de edad temprana o adolescente.

COLABORACIÓN:
Involucra al niño/a en la creación del libro para hacerlo más significativo y personalizado.

ACTIVIDADES COMPLEMENTARIAS CON LIBROS SENSORIALES:

NARRACIÓN DE HISTORIAS:

Cuenta historias utilizando el libro sensorial como guía, relacionando los elementos con los personajes y las acciones.

JUEGOS DE LENGUAJE:

Nombra las texturas, colores y sonidos presentes en el libro para enriquecer el vocabulario.

CANCIONES:

Crea canciones sencillas relacionadas con los elementos del libro para estimular la memoria y la coordinación.

EXPRESIÓN ARTÍSTICA:

Anima al niño/a a dibujar, pintar o modelar con plastilina inspirado en los elementos del libro.

Los libros sensoriales son una herramienta versátil y eficaz para promover el desarrollo integral de los niños/as. Al estimular los sentidos y fomentar la exploración, estos libros contribuyen a crear experiencias de aprendizaje significativas y divertidas.

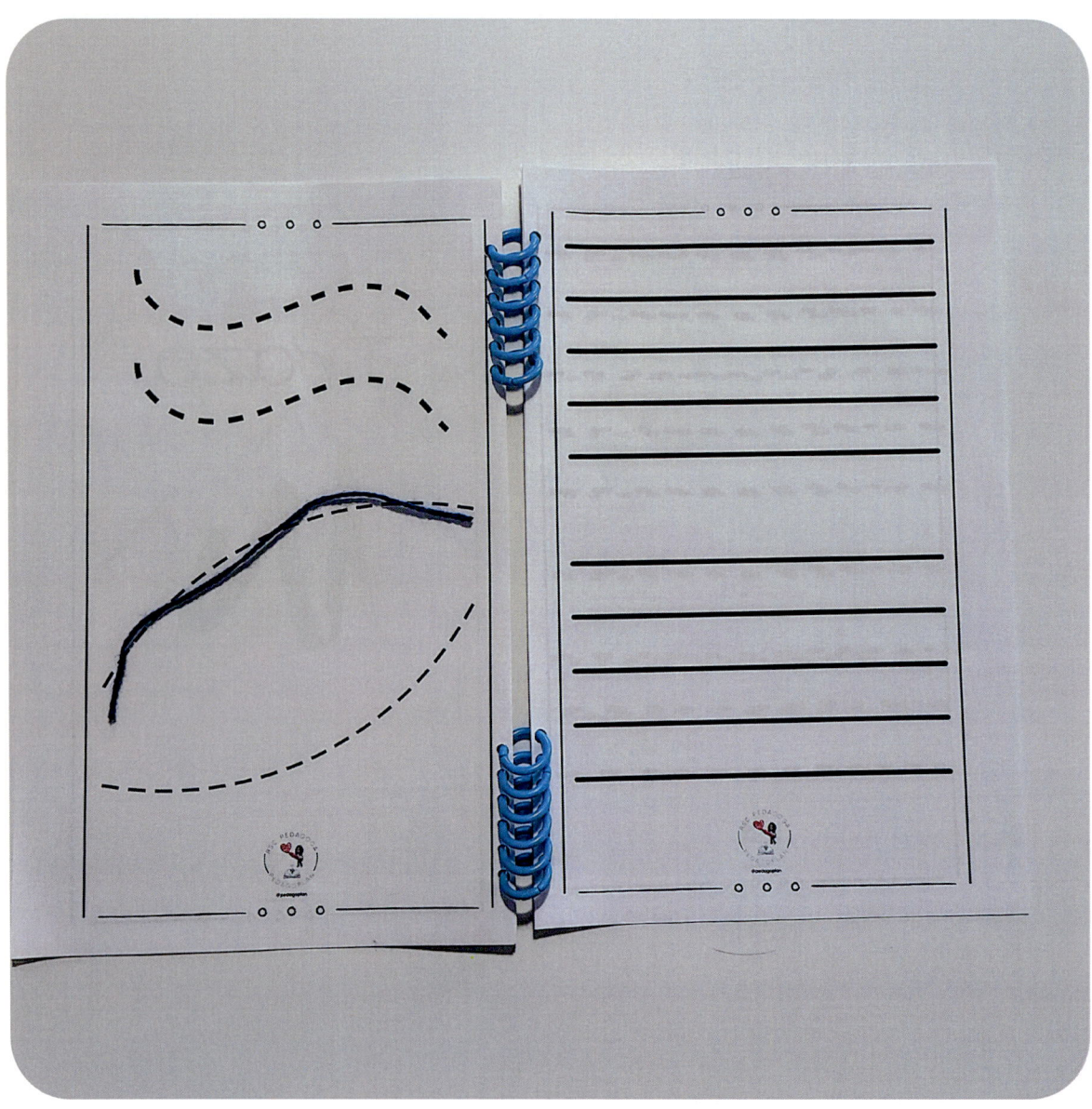

PICTOGRAMAS Y RUTINAS

Los pictogramas y las rutinas son herramientas fundamentales en la intervención psicopedagógica con personas con Trastorno del Espectro Autista (TEA). Estos recursos facilitan la comprensión del entorno, la comunicación y la organización, contribuyendo significativamente a mejorar la calidad de vida de estas personas.

LOS PICTOGRAMAS: UNA VENTANA AL MUNDO.

COMUNICACIÓN VISUAL:

Los pictogramas son representaciones gráficas sencillas que representan objetos, acciones o conceptos. Para las personas con TEA, que suelen tener dificultades en el lenguaje verbal, los pictogramas ofrecen un canal de comunicación claro y efectivo.

COMPRENSIÓN DEL ENTORNO:

Al asociar cada pictograma con una acción o situación concreta, se facilita la comprensión de lo que ocurre a su alrededor y se reducen las incertidumbres.

ANTICIPACIÓN:

Los pictogramas permiten anticipar los eventos futuros, lo que genera seguridad y reduce la ansiedad.

AUTONOMÍA:

El uso de pictogramas fomenta la independencia al permitir a la persona con TEA tomar decisiones y participar en actividades de forma más autónoma.

LA COMBINACIÓN PERFECTA: PICTOGRAMAS Y RUTINAS

La combinación de pictogramas y rutinas resulta especialmente beneficiosa, ya que:

VISUALIZAN LAS RUTINAS:

Los pictogramas pueden utilizarse para crear horarios visuales que representen las diferentes actividades diarias.

FACILITAN LA TRANSICIÓN:

Los pictogramas ayudan a indicar el final de una actividad y el inicio de la siguiente, facilitando la transición entre diferentes tareas.

PROMUEVEN LA PARTICIPACIÓN:

Al visualizar las rutinas, las personas con TEA pueden participar de forma activa en la planificación y ejecución de las actividades.

BENEFICIOS GENERALES:

REDUCCIÓN DE LA ANSIEDAD:
Al proporcionar estructura y previsibilidad, los pictogramas y las rutinas ayudan a reducir la ansiedad y el estrés.

MEJORA DE LA COMUNICACIÓN:
Facilitan la interacción social y la comunicación con los demás. Aumento de la autonomía: Fomentan la independencia y la capacidad para realizar actividades de la vida diaria.

MEJORA DE LA CALIDAD DE VIDA:
Contribuyen a una mayor calidad de vida al aumentar la seguridad, la autonomía y la satisfacción personal.

Tanto los pictogramas como las rutinas son herramientas valiosas en la intervención psicopedagógica con personas con TEA. Al proporcionar una forma visual y estructurada de comprender el mundo, estas herramientas contribuyen significativamente al desarrollo de habilidades sociales, cognitivas y emocionales.

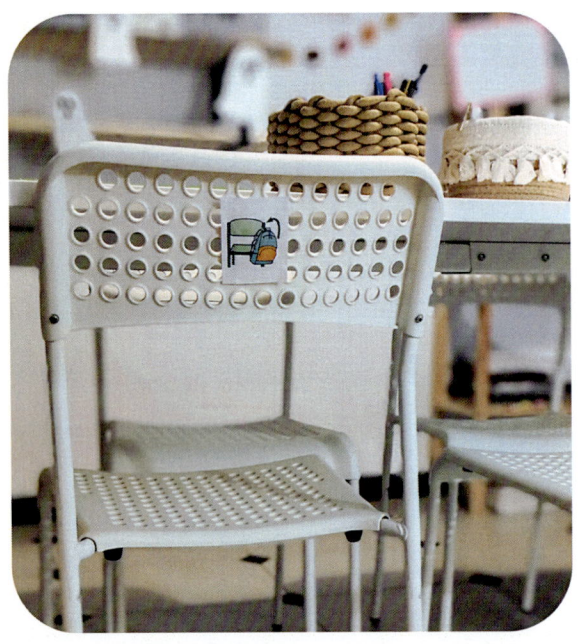

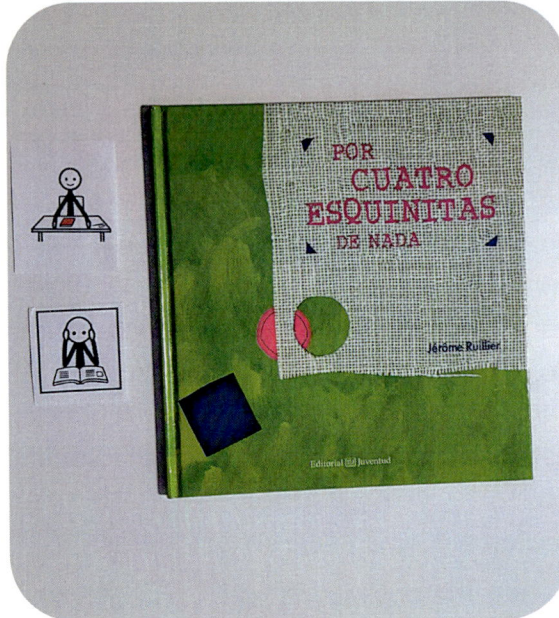

111

MATERIALES DESCARGABLES

MATERIALES DESCARGABLES DISLEXIA:

MATERIALES DESCARGABLES TDAH:

MATERIALES DESCARGABLES TEA:

AGRADECIMIENTOS

A mis padres, por su incondicional apoyo en mi formación y por inculcarme el valor del esfuerzo y la perseverancia. A mi hermano, por su alegría y compañía en cada paso que doy. A toda mi familia, por escucharme con tanta paciencia y entusiasmo hablar de mi pasión. A mi abuelo Rafael, por su fe inquebrantable en mí y por ser mi mayor inspiración. A Àngela, mi compañera de viaje en este apasionante mundo de la pedagogía, por su amistad y apoyo incondicional. A mis amigas Bea, Amparo y María, por su lealtad y por creer en mí siempre. A Santi, por acompañarme en la vida y en mis proyectos personales. A Ana y a Alexa, por ser mi faro en los momentos de duda y por inspirarme a seguir adelante. Y a todas aquellas personas y familias que no mencionaré directamente aquí, pero que, con sus palabras y su confianza, me han impulsado a alcanzar este sueño.

REFERENCIAS BIBLIOGRÁFICAS

Asociación Americana de Psiquiatría. (2013). Dislexia. En Manual diagnóstico y estadístico de los trastornos mentales, quinta edición (DSM-5). Asociación Americana de Psiquiatría.

Asociación Americana de Psiquiatría. (2013). Trastorno del espectro autista. En Manual diagnóstico y estadístico de los trastornos mentales, quinta edición (DSM-5). Asociación Americana de Psiquiatría.

Asociación Americana de Psiquiatría. (2013). Trastorno por déficit de atención e hiperactividad. En Manual diagnóstico y estadístico de los trastornos mentales, quinta edición (DSM-5). Asociación Americana de Psiquiatría.

Cornejo-Valderrama, C. (2017). Respuesta educativa en la atención a la diversidad desde la perspectiva de profesionales de apoyo. Revista colombiana de educación, (73), 77-96. https://doi.org/10.17227/01203916.73rce75.94

de la Torre González, B., & Martín, E. (2020). La Respuesta Educativa al Alumnado con Trastorno del Espectro del Autismo (TEA) en España: Un Avance Desigual. Revista Internacional De Educación Para La Justicia Social, 9(1), 249-268. https://doi.org/10.15366/riejs2020.9.1.012

Fiske, S. T. y Taylor, S. E. (2008). Social cognition: From brains to culture. London: McGraw-Hill. Gandin, T. (2006). Pensar en imágenes: mi vida con el autismo. Barcelona: Alba editorial.

Hanson, E., Cerban, B. M., Slater, C. M., Caccamo, L. M., Bacic, J., y Chan, E. (2013). Brief report: Prevalence of attention deficit/hyperactivity disorder among individuals with an autism spectrum disorder. Journal of Autism and Developmental.

Miquel, E. (2006). Maestros que trabajando juntos aprenden. Revista Aula de innovación educativa, 153-154.

Monfort, M. (2004). Intervención en niños/as con trastornos pragmáticos del lenguaje y la comunicación. Revista de Neurología, 38(1), 85-87.

Montero, L. D. A. (2017). Proyecto Patios Divertidos: Programa de inclusión escolar para el alumnado con dificultades de interacción social en los recreos. Educación en Contexto, 3, 181-210.

Moraleda, E., Martínez, A., Carchenilla, T., & Albanades, M. (2019). Necesidades educativas y lingüísticas de personas con discapacidad auditiva. DIALÓGICA, 14(2), 197-213.

Morrison, J. (2015). DSM-5® Guía para el diagnóstico clínico. Editorial El Manual Moderno.

Reed, J. y Warner-Rogers, J. (2008) Child Neuropsychology: Concepts, Theory, and Practice. Wiley-Blackwell

Rief, S. F. (2016). How to Reach and Teach Children and Teens with ADD/ADHD. Wiley. Kindle Edition.

Risueño, A., Motta, I. (2004), Trastornos específicos del aprendizaje. Una mirada neuropsicológica. Buenos Aires, Bonum.

Snowling, Margaret J. Dyslexia. Oxford: Blackwell.

Vygotsky, L. S. (1986). Pensamiento y lenguaje. Barcelona: Paidós. Walsh, Vincent, y Pascual-Leone, Álvaro (2003). Transcranial Magnetic Stimulation: A Neurochronometrics of Mind. Cam- bridge, MA: MIT Press.